人文社科
高校学术研究论著丛刊

普及与公平：县域义务教育均衡发展的政策研究及实践探索

耿格峰　徐同哲　著

中国书籍出版社
China Book Press

图书在版编目(CIP)数据

普及与公平：县域义务教育均衡发展的政策研究及实践探索 / 耿格峰，徐同哲著．--北京：中国书籍出版社，2020.9

ISBN 978-7-5068-8018-3

Ⅰ.①普… Ⅱ.①耿…②徐… Ⅲ.①县—地方教育—义务教育—研究—中国 Ⅳ.①G522.3

中国版本图书馆 CIP 数据核字(2020)第 189073 号

普及与公平：县域义务教育均衡发展的政策研究及实践探索

耿格峰　徐同哲　著

丛书策划	谭　鹏　武　斌
责任编辑	毕　磊
责任印制	孙马飞　马　芝
封面设计	东方美迪
出版发行	中国书籍出版社
地　　址	北京市丰台区三路居路 97 号(邮编：100073)
电　　话	(010)52257143(总编室)　(010)52257140(发行部)
电子邮箱	eo@chinabp.com.cn
经　　销	全国新华书店
印　　厂	廊坊市新景彩印制版有限公司
开　　本	710 毫米×1000 毫米　1/16
字　　数	188 千字
印　　张	14.5
版　　次	2021 年 10 月第 1 版
印　　次	2021 年 10 月第 1 次印刷
书　　号	ISBN 978-7-5068-8018-3
定　　价	74.00 元

版权所有　翻印必究

目 录

第一章　绪论 ………………………………………………… 1
　第一节　研究背景与意义 ………………………………… 1
　第二节　研究综述 ………………………………………… 6
　第三节　相关概念的界定 ………………………………… 9
　第四节　研究方法 ………………………………………… 13
　第五节　研究的逻辑思路与结构 ………………………… 15

第二章　义务教育均衡发展的历史与现状剖析 …………… 17
　第一节　改革开放以来义务教育的发展历程 …………… 17
　第二节　教育公平和县域义务教育均衡发展现状 ……… 21
　第三节　义务教育发展非均衡的表现 …………………… 25
　本章小结 …………………………………………………… 55

第三章　山东省县域义务教育均衡发展的政策实施 ……… 56
　第一节　山东省实施县域义务教育的政策执行 ………… 56
　第二节　青岛推进均衡发展模式实施"学区制"改革 …… 72
　第三节　枣庄市县域义务教育发展的实地调研 ………… 85
　本章小结 …………………………………………………… 96

第四章　县域义务教育均衡发展的政策评估 ……………… 97
　第一节　县域基础教育政策评估的现实意义 …………… 97
　第二节　县域教育政策评估的指标体系 ………………… 102
　第三节　县域教育政策评估的过程 ……………………… 109
　第四节　县域教育政策评估效果 ………………………… 123
　本章小结 …………………………………………………… 129

第五章　政策引导：健全义务教育均衡发展的政策 ………… 130
第一节　政策体制对县域义务教育均衡发展的制约 …… 130
第二节　政府行为对县域义务教育均衡发展的作用机理 ……………………………………………………… 132
第三节　县域义务教育均衡发展进程中政府行为优化的具体策略 ……………………………………… 135
第四节　县域义务教育均衡发展的政策创新 ………… 141
本章小结 ……………………………………………… 148

第六章　投入保障：保证义务教育均衡发展的经费投入 …… 149
第一节　经费资源的科学配置 ……………………………… 149
第二节　完善义务教育投入保障机制 ……………………… 151
第三节　经费投入对县域义务教育均衡发展的影响 …… 158
本章小结 ……………………………………………… 173

第七章　师资为本：加强义务教育均衡发展的师资建设 …… 175
第一节　师资配置与有效使用现状 ……………………… 175
第二节　教师队伍对县域义务教育均衡发展的制约 …… 201
第三节　建设城乡均衡优良的师资队伍 ………………… 202
第四节　实施有效的县域内义务教育教师质量监控 …… 206
本章小结 ……………………………………………… 220

参考文献 ……………………………………………………… 221

第一章 绪 论

自改革开放以来,我国教育事业获得了突飞猛进的发展,硕果累累。近年来,义务教育普及与巩固水平一直保持高位。一方面,人们对义务教育的质量提出了更高的要求,这也是经济社会发展和教育自身发展的需求。另一方面,义务教育发展严重失衡的问题日益显现,城乡之间、区域之间、学校之间义务教育发展水平差距巨大,优质义务教育资源尤为紧缺。教育事业的巨大成就呼唤更加优质的义务教育,新形势下,义务教育均衡发展成为必然要求,因为义务教育均衡发展的主要的目的就在于对质量的全面提升。

第一节 研究背景与意义

一、研究背景

(一)国际社会背景:全球化的挑战和知识经济时代的到来

当前,全球化趋势在世界范围掀起了新的科技革命和信息化浪潮,使得知识经济不断深化,并日益改变着各国人民的生活和国家之间的竞争格局。教育日益成为国家发展水平和国际竞争能力的决定性因素,也将在未来经济社会发展中产生巨大的作用,教育问题是各国政府面对的一个关键问题。

在全球化背景下,对于开放的现代社会而言,教育成为一种越来越重要的社会流动资源。全体社会成员已经形成各种高低有序的社会层次。对于个体而言,受教育程度日益成为获取社会资源的重要指标,并成为向上层社会流动必需的先决条件。教育平等化的功能更加显著。基础教育是提高全体国民素质,为培养各级各类人才打基础的奠基工程。它遍及各个地区、各个阶层、每一个人,是弥合社会分化与差异的重要途径。

在全球化背景下,信息技术革命的推动和资本流动的加剧将更加深化,从而形成一股强大的力量,推动教育的发展,消除教育不公平。然而,机遇夹杂着危机。如果不能抓住机会,势必会在这场角逐中败下阵来,在日益繁荣的世界经济中被更加边缘化。

从全球化的角度来看,教育系统的首要目标应是减少来自社会边缘和处境不利阶层的人群在社会上易受伤害的程度,以便打破贫困与排斥现象的恶性循环。要实现这一目标,基础教育是必须跨越的第一步,基础教育的不足或缺乏,必然加剧不平等现象。

(二)国家政策背景:教育改革趋向和社会公平理念的深化

社会公平虽然是一个历史概念,但"人人生而平等"已成为近现代以来世界各国人民追求人身权利和社会公平的至理名言。近年来,公民的社会公平意识不断加强,公平理念不断深化。教育公平是社会公平的基础,是社会民主思想和教育民主思想的体现。

首先,政策重视,引领教育改革。党和政府高度重视教育事业与义务教育均衡发展,我国教育法律法规也在不断健全。在教育领域开展教育观念、教育制度学校运行方式、教育评价方式等的全方位改革是一项有力措施。

其次,社会对公平的追求需要义务教育均衡发展。义务教育正是基本公共服务中的一项重要内容。然而实际情况却是,教育领域存在着地区、城乡、学校和群体之间的严重失衡问题。《国家中长期教育改革和发展规划纲要(2010—2020年)》在"战略目标"

部分提出,"建成覆盖城乡的基本公共教育服务体系,逐步实现基本公共教育服务均等化,缩小区域差距。努力办好每一所学校,教好每一个学生"。

(三)国家教育发展战略背景:教育均衡发展国家战略的实施

在人的生存问题和温饱问题基本得到解决以后,教育问题就成为人的基本需要。一个人所受到的现代社会的基本教育决定了他能否成为一个具备现代社会特征的公民,能否理解和享受现代社会的基本文明,能否具备现代人的基本生活质量,取决于他能否受到现代社会的基本教育。

在国家教育发展战略的指导下,国家领导层高瞻远瞩,充分认识到教育的意义和作用,多年来一直狠抓教育发展,并在社会发展达到一定阶段之时,适时提出了教育均衡发展的战略。

我国实行的是以县为主的教育管理体制,从理论上讲,县域内教育差异比不同地区间来说相对容易缩小。但这不能掩盖目前我国许多县县域内义务教育的差异化现象极为严重的现实。对全国许多县来说,一方面要从思想上加以重视,另一方面要想方设法从技术上寻求突破。这也是国家教育发展战略背景下迫切需要做的事情。

(四)国家经济背景:经济发展要求义务教育均衡发展并为之提供了根本保障

经济发展在对义务教育均衡发展提出要求的同时,也为之提供了根本保障。发展教育事业必须要依靠国家投入,教育事业的发展水平与国家经济发展水平关系十分密切。具体而言,就是在全国各地主要是在各个城市的部分小区,通过政策、经费等倾斜措施,举办一些重点学校,为其他义务教育阶段学校提供示范作用。这种政策具有一定的合理性,但它本身也是一种非常不公平的制度,直接造成了我国义务教育发展失衡的问题。

近年来,我国经济飞速发展,取得了巨大的进步。我国国民生产总值不断提高。随着经济总体实力的稳步提高,我国教育经费的供给能力也在不断增强,并逐步加大对义务教育扶持力度,从而保障了九年义务教育的普及率和巩固率。与此同时,提升义务教育质量的经济条件也已经初步具备。均衡发展、全面提升质量是新时期赋予义务教育的历史使命。

二、研究意义

"教育均衡发展是一种全新的教育理念,是一种全新的教育发展观。"[①]准确把握义务教育均衡发展的内涵、外延及其价值意义,厘清制约义务教育均衡发展的影响因素,构建起义务教育均衡发展的指标体系,提出义务教育均衡发展的思路与对策,对丰富义务教育均衡发展理论,实现区域义务教育均衡发展,保障每个儿童接受相对均衡、优质的义务教育,具有重要的理论和实践意义。

(一)理论意义

研究义务教育均衡发展的理论意义主要体现在三个方面。

第一,有助于教育政策的不断完善。教育政策本身的特点是影响执行成效的重要变量。就教育政策的本质而言,这是政策制定者的一种认识成果。由于受当时条件的限制,这种认识成果不可避免地具有某种局限和缺陷。随着时代的发展,原先制定教育政策的经济、文化、政治背景都已或多或少发生改变,研究义务教育均衡发展问题,有助于教育政策本身在执行中不断修正、发展、完善,以使其更具有指导性和时代性。

第二,有助于构建中国社会公共服务体系。对于政府而言,办好教育尤其是义务教育,是政府的社会管理职能和公共服务职能的体现,有助于构建中国社会的公共服务体系。研究义务教育

---

① 李振村,梁伟国. 为了每一个孩子的幸福成长——山东省寿光市教育均衡发展透视[J]. 人民教育,2002(3).

阶段的教育公平问题,创造良好的社会环境和经济条件,使每一个适龄青少年都能比较平等地接受义务教育的责任,发挥政府的主导作用,确保整个国家国民素质的普遍提高,是政府责无旁贷的责任。中国社会普遍服务体系的构建应着眼于保障国家长远的发展动力和社会的基本公平,应该让每一个国民都能享受到必需的义务教育。

第三,丰富教育均衡发展的基础理论体系。长期以来,我国教育一味地追求发展,而忽视了均衡的问题,而目前根据实际情况需要所提出的教育均衡发展理念,体现了新时期新价值观念的转变,这些价值观念有其理论基础。深入研究教育均衡发展的问题,对相关理论的运用,有助于进一步丰富教育均衡发展的基本理论。

(二)实践意义

研究义务教育均衡发展的理论意义主要体现在两大方面。

第一,有助于促进教育公平和和谐社会建设。随着基础教育取得长足发展,教育非均衡发展现象日益凸显,主要表现为地区差别、城乡差别、校际差别、群体差别等。实现教育均衡发展不是一蹴而就的,其关键的前提是实现义务教育均衡发展。

均衡发展是促进教育公平乃至社会公平的调节手段和重要举措。教育公平有相互联系的三层含义:一是确保人人都有接受教育的权利和义务;二是提供相对平等的接受教育的机会和条件;三是教育成功机会和教育效果的相对均等。

教育公平是我们追求的目标,为了更快地实现目标,我们要有深刻的认识、科学的行动、果断的决策。而这些都离不开科学理论指导下的科学研究成果支持,这些使研究具有了现实意义。优秀的研究成果将提供行动的科学指导,将有助于促进教育公平和实现社会和谐。

第二,有助于提升政府公共服务的层次和质量。基本公共服务均等化是指一国范围内的全体居民应当享有水平大致相当的基本公共服务。义务教育就属于基本公共服务的范畴。在任何社会中，政府都肩负着促进社会公平的重任。

针对我国公共服务非均等化现象严重的现象，国家层面已经采取了一系列以经费保障措施为主的公共服务措施，希望能够不断缩小差异，弱化基本教育公共服务不均等现象。县域范围内的差异也十分明显，这对于学生择校产生着显著影响。

在研究中，我们需要理性思考几个关键性的问题：到底是什么导致了义务教育公共服务不均等现象？政府应该怎样采取更加科学、有效的措施来尽可能快地实现义务教育均等化的目标？

通过开展与义务教育均衡发展相关的研究课题，可以为政府提供义务教育公共服务的决策支撑，具有重要的实践意义。通过研究成果的积累和研究经验的不断丰富，这势必会有助于提升政府公共服务的层次和质量。

第二节　研究综述

各国义务教育都经历了一段曲折的发展过程，虽然义务教育发展程度不同，关注点也迥异，但各国一直都在探索适合本国义务教育的更好的发展道路。在我国，义务教育均衡发展问题也成为学术界研究的热点，目前，我国义务教育发展着重点在于义务教育均衡发展，通过对国内外义务教育均衡发展的研究现状进行梳理与分析，在立足我国义务教育均衡发展的实际情况下，吸取美国、日本、瑞典、芬兰等主要发达国家的经验，以期对我因义务教育均衡发展提供借鉴。

一、国外研究综述

以下主要通过两个方面对国外义务教育均衡发展的研究现状进行介绍。

(一)关于概念的界定

有学者认为美国的义务教育均衡发展更加强调教育机会的实质平等,尤其强调不同族裔、不同文化群体平等发展的权利,同时,该学者也从英国的"积极差别待遇"的政策中剖析出了相似理念(陈武林,2010)。而有学者认为自 20 世纪末开始,日本开始关注内在的、实质的公平与均等,改变了过去认为的"人人一样就是平等"的教育平等理念,关注教育质量的提高,注意培养学生的生存能力和丰富的个性,关注学生的学习需求,给每个人以最合适的教育,从而使得义务教育的均衡发展进入一个更高的层面(李文英,等,2010)。

有学者通过对英国《追求卓越的学校教育》的白皮书的研究,认为英国在致力于提供平等、公平教育权利及机会的基础上,进一步提出关于增强学校自主性及多样性的策略,以适应全球化背景下的学校、学生多样化发展的迫切需求,更好地、更大程度地实行最合适的教育。

(二)关于措施的研究

美国的义务教育均衡发展相关政策的研究视角多集中在对美国教育法规的历史描述和现状分析,以及对美国政府等主要教育政策文本的整理、分析和诠释等方面。根据当前美国义务教育改革中的主要矛盾,学者的研究主要涉及择校政策、弱势群体教育补偿政策、薄弱学校改造政策以及财政保障机制和评价问责机制等教育专题。

例如,针对 1987 年颁布的《教育巩固与提高法案》的研究,2001 年美国联邦政府公布的《不让一个孩子掉队》法案的研究及关于低收入群体和少数族裔等处境不利群体实施的"补偿教育"计划的研究、"为美国而教"计划的研究等。学者们认为这些法案和计划均为弱势群体受教育的权利及机会提供了更大的保障,也在一定程度上促进了社会的和谐。英国在 2003 年发表的《每一个孩子都重要》的绿皮书,将政府推行的一系列旨在对保障处境不利的孩子的种种措施更加系统化、合法化(陈馨,等,2014)。

二、国内研究综述

我国义务教育均衡发展研究主要集中在近十年。纵观十年来的研究,学者们对义务教育均衡发展的研究可以分为理论初探、问题分析和实证研究三个阶段,其相关研究对义务教育均衡发展的内涵、失衡的表现及归因,以及义务教育均衡发展的策略和义务教育均衡发展指标体系的建构进行了深入探索。

例如,顾明远教授对"教育均衡发展是教育平等的问题,是人权问题"的论述;刘新成教授对"义务教育均衡发展的三重意蕴及其超越性"的论述;中央教育科学研究所教育政策分析中心对"义务教育均衡发展是实现教育公平的基石"的论述;中国教科院义务教育均衡发展标准研究课题组对"义务教育均衡发展国家标准研究"的论述;褚宏启教授对"义务教育均衡发展评估指标与标准制订"的研究。

此外还有一些学者对我国义务教育均衡发展的实证研究,例如,翟博、孙百才教授的"中国基础教育均衡发展实证研究报告";杨令平、司晓宏的"西部县域义务教育均衡发展现状调研报告"等。

除此之外,还有一些学者对我国区域内义务教育均衡发展的相关研究,在此笔者不再一一列举。有学者指出了未来我国义务教育均衡发展的重点应是强化宏观理论构建与微观问题研究相结合,注重对特殊群体的研究,进一步深化义务教育均衡发展的研究,从文化、制度、法律、法规等视域全面关注义务教育均衡发展问题的研究(张忠华,等,2014)。随着"十三五"规划的进行,教育公平尤其是义务教育均衡发展问题日益受到关注,由发展当中体现公平转向提高质量中体现公平。这一重大举措为我国义务教育的均衡发展提供了政策依据。

第三节 相关概念的界定

一、义务教育

对于义务教育的概念,《现代教育学基础》指出:义务教育是指依据成文法规定实施的强制进行的教育,是传统的学校制度的核心。义务教育制度的核心因素是家长送子女上学的义务(就学义务)的制度,包括规定义务年限、就学监督制度、对不履行义务者的罚规、就学的延缓与免除制度等。此外,义务教育的其他因素还包括:政府负有保障学龄儿童就学的足够的学校设施与教员的义务;国家和地方公共团体负有保障儿童就学的义务,以避免家庭因儿童上学承担过重的经济负担;第三者(如企业雇用童工)不得妨碍学龄儿童就学的避止权利。可见,义务教育具有强制性,这种强制性是针对学生及其家长、国家各级政府、企业等主体,其中,适龄学生具有接受教育的权利,而其他群体具有保障学生接受教育的义务。

我国学者叶澜先生对于义务教育的看法为:义务教育是国家通过法律规定每个人必须接受一定程度的教育[①]。"义务"包括三个方面的内涵:一是每个人都有接受教育的权利;二是家长、厂主、师傅等有承担子女、工人、徒弟受教育的义务;三是国家有为每个人接受教育提供机构、师资等方面可能的义务。由于义务教育是由法律规定的,因此带有强制性。如果不执行,就要承担法律责任。同样,叶澜也是从义务教育的强制性以及学生、家长、国家等各主体界定了"义务"的内容。

---

① 叶澜. 教育概论[M]. 人民教育出版社,1991.

从义务教育的本质属性来看，义务教育属于公共产品，其原因在于，义务教育对社会来说是具有"正临近影响"的教育。非排他性和非竞争性是公共产品的基本属性，义务教育具有这两种性质，因此，它属于公共产品。基于这种产品属性，义务教育的教育投资应由政府来负担。

二、县域义务教育

县域，是以县级行政区划为地理空间，以县级政权为调控主体，采用计划的方式、市场的方式或计划与市场相结合的方式优化配置资源，具有地域特色和功能完备的行政县域。县域具有以下特征：①以县级行政区划为特定的地理空间，县域界线明确。②有一个县级政权作为调控主体，具有一定的相对独立性和能动性。③具有与地理区位、历史人文、特定资源相关的地域特色。④是国家行政管理的基本单元，是连接中央和地方的关键纽带，起着上传下达的作用。

县域义务教育，是以农村为主的县级行政区域内的义务教育，即由县级政府（或相当于县一级行政单位）主要负责管理的义务教育。在我国，义务教育的管理是省级政府首要责任，县级政府主要责任。省级政府是地方最高的行政机关，对包括义务教育在内的地方各项公共事业负有首要的责任。县级政府对本地区的义务教育发展负有主要的责任，强调义务教育管理以县为主。义务教育管理以县为主表现在两个方面。一是负责县域义务教育的经费管理。县级政府按照省级政府确定的比例承担经费，并管理和使用资金。二是具体负责县域内义务教育的实施工作。包括义务教育阶段的学校规划与设置、城乡布局调整、各学校的教育教学指导，培训和配置师资力量，组织县域内义务教育学校间的校长和教师的合理流动。

二、教育均衡发展

(一)均衡与发展

从语义学上来考量,均衡意即"平衡、均衡发展"。均衡指系统内部各部分各要素之间具有稳定、协调、有序的关系,比例关系适度,整体配合和组织呈匀称状态。均衡意味着和谐,这与我们提倡的科学发展观的主旨相对应。

发展,从语义学上来解释即是事物由小到大、由简单到复杂、由低级到高级的变化,在英语中对应的解释是 develop、expand、grow。事物的发展,是在对立、转化、统一的相互作用过程中,优化自身及与相关事物之间关系的要素与结构,提高自身适应环境、变革事物与促进和谐的功能,提高存在的价值。追求发展主要是追求提高促进和谐的功能与提高存在的价值。这就是发展的内涵,是和谐发展观的基本观点。

至于均衡发展,借用资源经济学对其的定义,均衡发展是指通过合理配置人类有限的资源,达到市场需求与供给的相对均衡,使经济中各种对立的、变动着的力量相当,形成相对静止的状态。

(二)教育均衡发展

教育均衡发展保证了受教育者享有平等的教育机会,义务教育的均衡保证了儿童、少年真正享有最基本的教育权利,从而保证了最基本的底线教育公平。把均衡做为研究对象,研究均衡的标准、测度和评价方法直接关系到教育公平和社会公平的实现程度。

由于教育系统自身的复杂性,教育均衡发展可从不同角度做不同的理解,不同学者也对教育均衡做了不同的注解,其实归纳起来,学界对于教育均衡发展的理解可以分为两大类观点,即理解为"教育均衡"的发展和教育的"均衡发展",而这两种理解的意思是有所不同的。"教育均衡"的发展侧重的是强调教育的均衡性的培养和提升,而教育的"均衡发展"的要点是指向发展的均衡性。而这又可以从两种对应的维度来剖析。

"教育均衡"的发展更多指向的是时间上的维度。它把焦点关注在人的上面,关注的是学生在接受教育的起点、过程和结果方面拥有相对平等的入学机会,得到大致均等的教育资源和教育条件,并能够获得尽可能的发展与成长,教育均衡是一种有待普遍确立的教育理念。因此,它的核心要义是"均衡",认为只有普遍的均衡才能求得发展。因此,它是一种唯公平至上的观点。而教育的"均衡发展"更多指向的是空间上的维度。在地域空间上,主要将我国不同地区之间、同一地区不同学校之间、同一学校不同群体之间的教育的均衡发展问题纳入视野。因此,其侧重点其实是在发展,首先要求整体内的各个部分都得到发展了,然后才能求得均衡。均衡只是用来描述发展状态的。因此,它其实是一种唯效率至上的观点。

在现实中,这两类观点不应该截然对立,而应该是融为一体的。教育均衡发展,既要注重公平,也要注重效率和质量。正如学者于发友在"义务教育均衡发展的价值追求"一文中所坦言的"义务教育均衡发展的基本价值是追求教育公平,最高价值是公平基础上的高效率高质量发展"[①]。教育均衡发展的实质是追求公平基础上的高效率和高质量,公平和效率不是对立的,是有机统一在一起的。教育均衡发展既是时间层面的动态均衡,亦是空间层面的整体发展。

四、义务教育均衡发展

我国义务教育起初实行分地区、有步骤地推进非均衡发展政

---

① 于发友. 义务教育均衡发展的价值追求[J]. 当代教育科学,2008(8):12.

策,目的是保障学龄儿童"有学上",以实现基本普及和全面普及义务教育。随着该政策的推行与发展,义务教育日益呈现不均衡发展的状态,非均衡发展必然导致系列问题,如区域、城乡、学校间的差距日益扩大等。在此基础上,人们不再满足"有学上"的普及教育而是开始追求"上好学"的优质教育,故义务教育开始向均衡发展。尽管不同理论范畴中的义务教育均衡发展含义各异,但从综合的视角看,义务教育均衡发展包括三方面的政策内涵与结构范畴:①配置均衡。表现在教育横向与纵向结构两方面,如表现在横向结构方面的地区之间、地区内部的学校之间、学校内部群体之间的均衡和表现在纵向结构方面的各级各类教育间资源配置的均衡、机会与条件的相对均衡等。②供需均衡。除宏观层面之外,微观情境中应更强调义务教育均衡发展,即在教育的过程中实现学生在受教育的起点、过程和结果三方面的公平。③动态均衡。强调义务教育是有机的整体,是一个动态系统,而且是一个生态系统。系统内各要素间形成协调有序的关系,并与其外部环境达到平衡与适应的状态,从而使整个教育系统处于一种稳定、功能优化的动态发展状态[①]。

第四节 研究方法

文献综述法(literature review method)是通过文献资料的收集、梳理、提炼、消化和吸纳,为研究提供理论上的借鉴。对于研究主题来说,相关的文献总是散乱地分布在不同场所的不同载体上,所以必须进行专门的收集整理,才能获得专题研究所需要的、充分而集中的文献资料。通过文献综述法,能够收集用文字、图形、符号、音频、视频等技术手段记录的人类知识,并在综合、概括、总结的基础上进行描述、评述和重新建构。本书首先收集义

---

① 刘新成,苏尚锋. 义务教育均衡发展的三重意蕴及其超越性[J]. 教育研究,2010(5):28-33.

务教育均衡发展研究方面的文献资料,对所获得的资料进行综合、概括、总结,在此基础上对国内外义务教育均衡发展研究的现状进行描述、评价、建构,并总结义务教育均衡发展研究的发展趋势,寻找前人和他人研究中存在的问题或需要延伸的研究领域,从而选定研究方向,进行进一步的和深入的研究。

实地调研法是对义务教育均衡发展已有成效、经济发展水平不一的县区进行调查研究,并对其经验进行比较筛选,对其问题进行分析讨论,结合实际,提出适用于推进教育均衡发展的策略。

要素分析法,对于义务教育均衡发展,从语义上讲实际上是义务教育的各组成要素的均衡化,在对教育均衡发展进行比较研究或是其他研究时,都必须涉及教育的组成要素,并对其进行分析,不然就难以对县域义务教育均衡发展进行研究。

比较研究法是通过查阅资料,了解美国、日本、韩国等发达国家有关教育均衡发展或推进义务教育工作的主要做法,为本课题研究工作提供借鉴或参考。

定量分析法(quantitative analysis method)是对社会现象的数量特征、数量关系与数量变化进行分析的方法。本书中研究与一般的教育研究不同的是,在文献分析和理论研究的基础上,强调精确性,重视定量分析,充分运用有关的数理统计、可达性评价等技术来研究义务教育区域均衡和空间均衡,利用 SPSS、AreGIS 等软件进行数据定量分析处理,使基于定量分析的定性结论更具有科学性。

实证分析法(empirical analysis)是社会科学研究方法之一,着眼于当前社会或学科现实,对事例和经验等运用一系列的分析工具,从理论上推理说明,如个量分析与总量分析、均衡分析与非均衡分析、静态分析与动态分析、定性分析与定量分析、逻辑演绎与经验归纳、经济模型及理性人的假定等。本书通过大量深入实际的调查,获得案例县域义务教育发展的调查统计数据,运用建构的指标体系和相关的模型,对县域义务教育均衡发展状况进行定量分析和定性分析,以验证理论研究结论的正确性,指标体系的合理性,科学方法的适用性。

人种学研究法是通过深入被研究领域的情境中,由局外人转变成局内人,亲身参与和体验研究对象的情境和过程从而形成研究结论的方法。即深入被调查现场,与均衡发展的实施者和受益者一道进行研究和实践,从而得出对县域义务教育均衡发展的最真实的理解和认识。

第五节 研究的逻辑思路与结构

鉴于我国以县为主的义务教育财政管理体制和《国家中长期教育改革和发展规划纲要(2010—2020年)》对县域范围内义务教育均衡发展的特别要求,本书将研究尺度限定在县域之内。本书在教育科学研究成果的基础上,结合地理学特点,将研究目光集中于从空间角度测评义务教育发展均衡性问题,因此,将本书书名确定为《普及与公平:县域义务教育均衡发展的政策研究及实践探索》。

研究的逻辑思路与结构如图1-1所示。

第一章为绪论,包括研究背景与意义、研究综述、相关概念的界定、研究方法、研究的逻辑思路与结构等内容。

第二章是对义务教育均衡发展的历史与现状剖析,分别讨论了改革开放以来义务教育的发展历程、教育公平和县域义务教育均衡发展现状、义务教育发展非均衡的表现等。

第三章讨论了山东省县域义务教育均衡发展的政策实施,重点以青岛推进均衡发展模式实施"学区制"改革、枣庄市县域义务教育发展的实地调研为例讨论了山东省实施县域义务教育的政策执行情况。

第四章是对县域义务教育均衡发展的政策评估,分析了县域教育政策评估的指标体系、县域教育政策评估的过程、县域教育政策评估效果等。

```
第一章              → 研究背景 → 研究综述 → 概念界定 → 研究方法 → 研究思路
绪  论

第二章              → 发展历程 → 发展现状 → 非均衡表现
义务教育均衡发展的历史与现状剖析

第三章              → 政策执行 → 青岛"学区制"改革 → 枣庄实地调研
山东省县域义务教育均衡发展的政策实施

第四章              → 指标体系 → 评估过程 → 评估效果
县域义务教育均衡发展的政策评估

第五章              → 政策制约 → 政府行为 → 优化策略 → 政策创新
政策引导：健全义务教育均衡发展的政策

第六章              → 经费制约 → 科学配置 → 完善投入保障机制
投入保障：保证义务教育均衡发展的经费投入

第七章              → 师资配置 → 教师队伍制约 → 师资队伍建设 → 教师质量监控
师资为本：加强义务教育均衡发展的师资建设
```

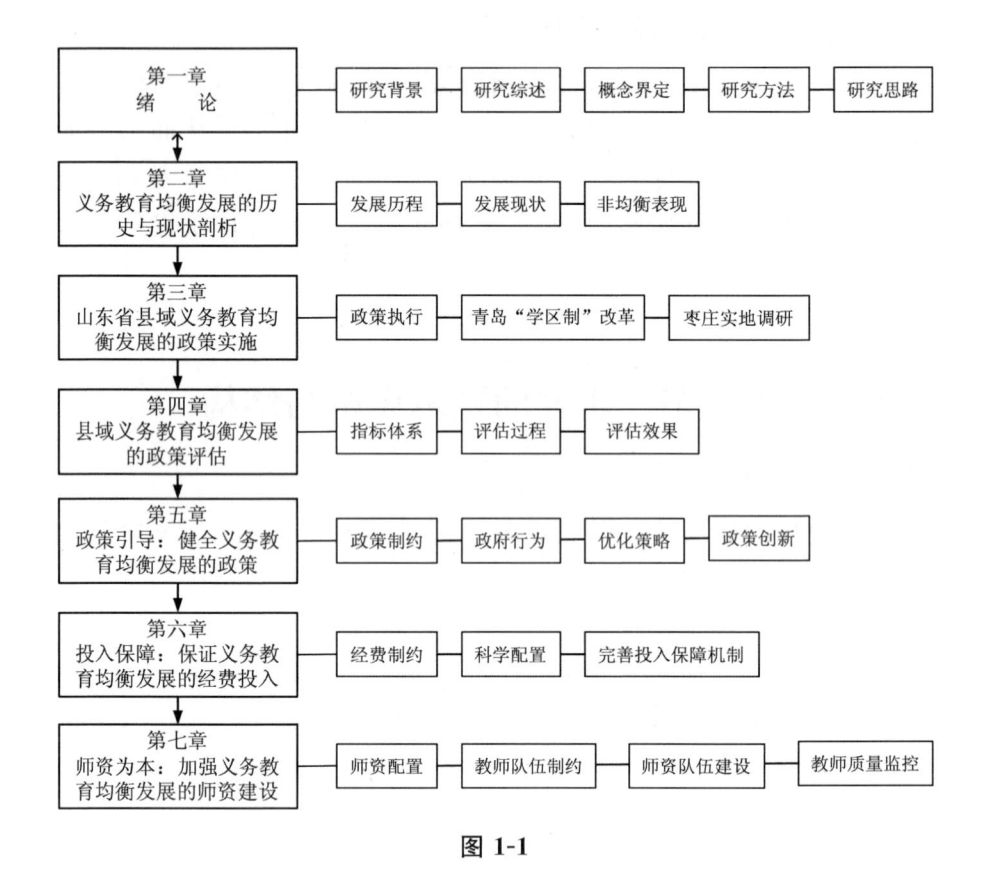

图 1-1

第五章至第七章重点从政策引导、投入保障、师资为本三个角度阐述了义务教育均衡发展的相关问题，首先分析各要素对县域义务教育均衡发展的制约情况，然后分别提出了相应的改进策略。

第二章 义务教育均衡发展的历史与现状剖析

随着我国经济社会的不断发展,义务教育的工作重心已由全面普及向均衡发展转移。当前,推进义务教育均衡发展是我国深化教育领域综合改革,加快推进教育基本现代化的一项战略性选择,也是全面建成小康社会的关键性支撑。

第一节 改革开放以来义务教育的发展历程

一、义务教育均衡发展的艰难摸索时代

改革开放启动了中国经济社会的全面发展,中国教育迎来了"人民教育人民办"的时代。1980年,《中共中央、国务院关于普及小学教育若干问题的决定》就提出要"在八十年代,全国应基本实现普及小学教育的历史任务"。1982年,义务教育的普及被写进了新的《宪法》。《宪法》指出"国家对接受义务教育的学生免收学费。九年制义务教育,一般指小学六年、初级中学三年(或小学五年、初级中学四年)共计九年的教育"①。但是,在经济社会改革的"梯度发展战略"中,义务教育也在梯度发展。1985年,《中共中央

---

① 张力. 中国教育绿皮书——中国教育政策年度分析报告[M]. 北京:教育科学出版社,2008.

关于教育体制改革的决定》将非均衡发展作为教育发展的基本战略，指出"必须鼓励一部分地区先发展起来，同时鼓励先发展起来的地区帮助后进地区，达到共同的提高"。1986年《中华人民共和国义务教育法》明确要求全国开始推行九年制义务教育。至此，我国首次把免费的义务教育用法律的形式固定下来。[①] 但是《义务教育法》及其随后的细则以法律的形式明确了"分地区、有步骤地普及义务教育"的"梯度发展"安排。1993年，《中国教育改革和发展纲要》延续了这一政策，要求"教育发展从各地经济、文化发展不平衡的实际出发，因地制宜，分类指导，鼓励经济文化发达地区教育率先发展"。这些政策文件的出台，虽然推动了发达地区的义务教育优先发展，但是却形塑了我国义务教育非均衡发展的基本格局。

在"人民教育人民办"的时代，义务教育法的改革取向基本是"城市偏向""效率第一"，这种导向加剧了义务教育非均衡发展。因此，党和国家开始探索新的义务教育发展模式，尤其是20世纪90年代中期以来，配合"以工促农、以城带乡"的发展战略，通过调整农村教育的供给体制和实施对农村教育的特别性支持政策等方式，有效缩小城乡教育差距、促进城乡教育均衡发展。[②] 在这一阶段，义务教育的机会均衡不断推进。1993年，党中央、国务院制定的《中国教育改革和发展纲要》，明确将"基本普及义务教育，基本扫除青少年文盲"确定为20世纪我国教育事业发展的重要战略目标。1995年，全国人大通过了《中华人民共和国教育法》，规定"国家贫困地区义务教育工程"开始启动。在"科教兴国"和"可持续发展"战略的指引下，到2000年，中国如期实现全民教育目标，实现了历史性的大飞跃，全国通过"两基"地区的人口覆盖率超过85%，青壮年文盲率下降至5%以下，这是中国教育史上一

[①] 张承先. 历史转折与教育改[M]. 吉林教育出版社，1998.
[②] 邵泽斌. 从"城市教育优先"到"城乡教育均衡"——新中国城乡教育关系述评[J]. 社会科学，2010(10)：74-79.

个辉煌的里程碑。① 义务教育均衡发展写进《中华人民共和国教育法》,以法律的形式确定了中国义务教育均衡发展的战略地位,对我国义务教育均衡发展起到了重要的推动作用。

二、义务教育均衡发展的攻坚突破时代

新世纪以来,伴随着国家西部"两基"攻坚计划的实施,我国义务教育由基本普及迈向了全面普及这一新的历史阶段,并向着全面提高质量的更高目标迈进。因此,党和国家开启了"人民教育政府办"的教育发展重大转轨。在这一阶段,中国义务教育经费投入体制不断变革,义务教育在历史上第一次实现了免费制。2003年,《国务院关于进一步加强农村教育工作的决定》确认并重申了"在国务院领导下,由地方政府负责、分级管理、以县为主"的体制。新机制的实施实现了两个转变:一是把农村义务教育的责任由农民承担扭转到主要由政府承担;二是把政府对农村义务教育的责任从乡镇为主转到以县为主。2005年开始,国家对592个贫困县的义务教育实施"两免一补"政策,2006年实施范围扩大到西部农村和中部的部分农村地区,2007年春季学期在全国农村实施。2008年8月12日,国务院发布25号文件,正式公布了《国务院关于做好免除城市义务教育阶段学生学杂费工作的通知》,决定从2008年秋季学期开始,在全国范围内全部免除城市义务教育阶段学生学杂费。教育经费体制的变革打破了教育非均衡发展的格局,强有力地促进了义务教育均衡发展的进程。另一方面,2006年,全国人大常委会新修订的《义务教育法》规定:"国务院和县级以上地方人民政府应当合理配置教育资源,促进义务教育均衡发展,改善薄弱学校的办学条件,并采取措施,保障农村地区、民族地区实施义务教育,保障家庭经济困难的和残疾的适龄

---

① 翟博. 均衡发展:我国义务教育发展的战略选择[J]. 教育研究,2010(1):3-8.

儿童、少年接受义务教育。"这是我国首次以法律的形式规定"促进义务教育均衡发展"的根本任务。

随后，2007年7月，教育部发布了《全国教育事业第十个五年计划》，文件中明确规定要"进一步加大对贫困地区义务教育的扶持力度"和"推动西部地区教育发展"。2008年，党的十七届三中全会"城乡一体化"目标提出，我国义务教育的发展进入了城乡一体化发展的新阶段。2010年，教育部《关于贯彻落实科学发展观，进一步推进义务教育均衡发展的意见》明确提出了"2012年实现义务教育区域内初步均衡，2020年实现区域内基本均衡"的"路线图"。同时，《纲要》也提出"推进义务教育均衡发展，均衡发展是义务教育的战略性任务。建立健全义务教育均衡发展保障机制"。中国的经济发展已步入"新常态"时期，经济结构不断优化升级，民生保障更为完善。中国义务教育第三方评估报告表明，2010年到2014年间，全国九年义务教育巩固率从87.5%逐步提升到92.6%；全国通过义务教育发展基本均衡督导评估认定的县（市、区）达1124个，其中京、津、沪、苏、浙5省（市）已整体通过国家教育督导委员会的均衡评估。[1] 可以说，我国义务教育已从"普及时代"转向"均衡时代"，已经站在新的历史起点上。在义务教育普及和教育机会均衡目标基本实现、教育资源配置均衡不断发展的情况下，中国义务教育均衡发展应该走向质量均衡与内涵发展[2]的高级阶段。2015年10月，十八届五中全会提出树立创新、协调、绿色、开放、共享五大发展理念，这为我国义务教育均衡发展走向高阶段提供了指导思想，也将开启中国义务教育均衡发展的新时代。

---

[1] 宋乃庆,朱德全,李森.中国义务教育发展第三方评估报告[C].2015(11).

[2] 冯建军.内涵发展：推进义务教育优质均衡的路向选择[J].南京社会科学，2012(1).

第二节 教育公平和县域义务教育均衡发展现状

大力发展教育事业是构建社会主义和谐社会的重要途径,所以,我国始终把促进教育事业发展作为一项重大民生工程来抓,将义务教育均衡发展作为教育发展的重中之重,为了更好地促进义务教育的均衡发展,我国采取了一系列的有效措施,取得的成果也是相当不错的。但是由于我国国土资源面积大,不同的地区经济的发展水平存在着巨大的差异,这使得我国义务教育的发展受到了一定的阻碍。本节选取学生生源、办学条件、师资队伍、教育质量四个关键性指标对我国县域义务教育的发展现状进行了系统扫描。以期对当前我国县域义务教育的发展情况做系统梳理和简要总结。

一、学生生源

学校的主要任务是什么?毫无疑问,培养高质量的学生。所以,学生生源是影响义务教育发展的主要因素之一。近几年随着学校标准化建设及城镇化的发展,义务教育城乡之间出现了新的不均衡现象。首先,城镇学校大班额日益加剧。其次,农村生源向城镇流动趋势严重。

由于城镇化的高速度发展,越来越多的农村人口涌入了城市,导致了城镇义务教育阶段的学生生源大量激增,而农村义务教育阶段的学生生源急剧减少。这种现象,对于县域义务教育的发展是极不利的,也因此引发了一系列的其他问题。

一是城镇教育资源承载力加大。过量农村义务教育生源向城镇流动,加重了城镇教育资源的承载力。为了能够让随迁子女有学可上,城镇学校只能在现有的基础上扩大班额,这样一来,就对现有的城镇教育资源进行了稀释,对城镇教育资源的容量来说也是一个大的挑战,资源的稀释也会影响整体的教学质量。许多农村学生跟着外出务工的父母频繁流动,可能刚刚适应新环境、新学校、新老师、新同学,马上就要随着父母转到新的城市、新的学校,这样会对学生的成绩造成很大的影响,跟不上教学的情况时有发生。因为随迁子女的频繁流动对城镇学校的日常管理提出了更高层次的要求,学生的个人素质参差不齐,为了让学生不掉队,无论是在生活上、心理上,还是学习上,都需要教师多花费心思,这样一来就加重了教师原有的工作任务与负担,城镇学校的管理难度也就相应地加大了。

二是农村教育资源出现浪费。大量的农村学生随着父母务工转到城镇学校继续接受义务教育,这样一来农村学校的班级人数就会大量减少,生源流失严重的农村地区,不得不合并班级,甚至是合并学校。这就造成了很多农村校舍不得不处于闲置状态,造成了教育资源的浪费。另外,各学校都是按照学生的人数来配备教师队伍的,师生比会随着生源的流失而加大,生均占用资源会相对增加,教育公共资源边际效益递减,造成教师资源与教育资源的浪费。

二、办学条件

为了实现提高义务教育质量,缩小义务教育差距和实现教育公平的目的,我国提出了学校标准化建设,为实现义务教育均衡发展进行了综合性教育改革。目前,我国义务教育阶段学校办学条件总体得到了极大改善。首先,贫困县全面改薄任务整体完成。其次,农村义务教育学校硬件建设成效显著。最后,教育信息化步伐加强。随着信息化的快速发展,互联网逐步应用于教育领域。据相关的调查研究显示:我国校园网络覆盖的学校已经超过了90%,有85%以上的学校拥有多媒体教室,基本形成了教育资源公共服务体系框架。疫情期间,为配合做好新冠肺炎防控工作，教育部利用国家中小学网络云平台和中国教育电视台提供优质学习资源，服务学生居家学习，供自主选择使用。

虽然与之前相比，我国县域义务教育学校办学条件的进步相当明显，但是不可避免地，在均衡发展方面还是存在着一些问题。一是基本办学条件仍有"短板"。虽然贫困县全面改薄任务整体完成，但是全国仍然有19%的县没有通过义务教育发展基本均衡县国家评估认定，特别是中西部地区。二是西部地区办学条件仍需加强。尽管全国80%以上的县达到基本均衡，但多数位于西部地区的县区办学条件仍然薄弱，只满足了基本教育教学和生活需求。

三、师资队伍

随着"十一五"规划纲要初次提出"建立中小学教师、校长交流机制"以来，我国教师队伍的建设更倾向于区域内教师双向轮岗交流。通过这些政策的实施，我们可以看出，无论是教师支持政策还是教师轮岗交流政策反映出教师队伍建设在义务教育发展中越来越受到关注。

首先，教师队伍整体面貌有了很大改观。其次，教师素质有了明显提高。最后，乡村教师队伍建设不断加强。

就全国范围来看，党中央始终将加强教师队伍建设作为促进教育发展的重要任务。通过一系列政策措施的实施，我国教师队伍建设取得的成就有目共睹，并且一直在快速地沿着正确的方向前进。总体上表现为高学历的教师占比不断增加，使得教师的学历结构在总体上得到一定的优化，义务教育阶段教师的整体素质有了质的提升。与此同时，我们应该保持清醒，不要满足于旧日的成果。因为随着科技的进步，时代的发展，现有的共享教育发展成果以及优质师资力量并不能满足人们日益增长的需求，教师队伍的建设还有需要完善的方面，仍存在一些亟须解决的问题。

其主要问题在于教师队伍发展中呈现的非均衡态势。例如，部分农村教师素质能力不能适应新时期对人才培养的需要，教师城乡结构、学科结构分布不均衡等，不利于义务教育在县（区）内的均衡发展。

四、教育质量

主要从入学率、升学率、巩固率、学生综合素质等方面对义务教育质量进行考察。首先，义务教育入学率和升学率均有所提升。调查研究显示，我国义务教育的入学率、普及率不亚于发达国家的平均水平，但是，这是整体水平，不代表所有地区，一些偏远的农村地区的辍学情况仍十分严重。其次，义务教育巩固率逐步提高。最后学生素质不断提升。调查显示，绝大多数区的学生无论在营养状况还是在学习能力方面均有了显著提升。

近年来，党中央高度重视义务教育工作，使得我国义务教育质量水平有了明显提高。但由于受多种因素的影响，仍然有一些问题需要进一步思考。

一是农村地区学生辍学、失学现象仍比较突出。许多农村家长不支持孩子读书，认为读书不如打工，为了减轻家庭负担，让适龄儿童辍学外出打工。

二是农村学校教学质量还有很大的进步空间。与城市的教学质量相比，农村的教学质量的进步空间仍然很大，需要进一步提高。当然，我们不能认为学生的整体学习成绩好，学生的升学率高，就认为这个学校的教育质量高，学习成绩与升学率只是衡量学校教育质量的外在统一标准，高质量的教育应该是让学生全面发展（德、智、体、美、劳），尊重学生的个体差异，根据学生的个体差异进行因材施教，培养学生的主观能动性、创造性，培养学生人格、价值观、身心健康等综合素质和基本能力。

第三节 义务教育发展非均衡的表现

一、教育资源配置失衡：义务教育非均衡发展的主要因素

正如《国家中长期教育改革和发展规划纲要(2010—2020年)》所指出的那样，在推进义务教育均衡发展工作中，一定要"均衡配置教师、设备、图书、校舍等"教育资源。也就是说，能否实现教育的均衡发展与教育资源的均衡配置与否具有密切的关系。当前义务教育非均衡发展的局面也与我国经济发展水平、各级政府配置教育资源的非均衡方式紧密相关。

（一）城市偏向的教育政策造成义务教育资源配置失衡

我国二元社会结构是在二元经济结构的基础上逐步形成的。所谓二元社会结构，是指中华人民共和国成立后通过一系列分割城乡的制度安排，而人为构建的城乡隔离的社会结构。在城乡二元经济结构和社会结构的影响下，国家制定的义务教育等公共政策的价值标准都是城市取向的，从政策的制定到政策的实施，农民、农村都始终属于弱势群体和处于弱势地位，农村和农民群体的教育利益需求难以得到充分体现。教育政策的一个重要职能就是配置教育公共资源，教育政策应该既要考虑与满足不同社会群体成员的利益需要，同时也要实现和满足国家社会进步与发展的需要。但在城乡二元结构影响下，我国社会中逐渐出现了城乡两大利益群体。由于经济原因和社会原因，在城乡两大利益集团的博弈中，城市居民能够很快形成代表自身利益的集团，并通过各种渠道对政府制定政策的过程施加影响。而农民虽然人数众多，但在与城市利益群体的长期博弈中处于弱势地位。从本质要

求上讲,政府提供公共产品应是公共选择的结果,但在城乡二元结构的背景下,由于公共选择机制的不健全,公共决策制度和决策程序不完善,城市群体成了最大的受益者,而农村、农民成了最小的受惠者和最大的牺牲者。因此,教育政策造成的制度性落差将城市教育置于优先发展的中心,而农村教育则处于附属和次要的地位,缺乏有效的制度保障,享受不到应有的国民待遇,人为地加大了城乡义务教育资源配置的不公和失衡,加剧了城乡义务教育的分化。

(二)经济发展失衡

区域间义务教育非均衡发展的关键因素。区域间义务教育的非均衡发展一般表现为城乡之间和不同地区之间的非均衡发展。根据许杰(2006)对国家教育行政学院第18期全国各地教育局长及第10期县市教育局长培训班学员的调查,结果显示,市、县两级的局长(比例分别为77.22%、68.86%)和国家东、中、西部地区的局长(比例分别为60.81%、68.49%、81.82%)普遍认为,当地的基础教育存在严重的不均衡,并且这些不均衡首先表现为城乡之间的,其次是区域内校际间的不均衡。在改革开放以前,无论是城乡之间还是不同地区之间的经济发展水平和国民收入水平间的差距都没有当前这么大。但是,这种差距却随着时间逐渐拉大,并呈现扩大的趋势。在改革开放之初,我国城乡居民间的可支配收入差距并不是很大,而且在最初的几年间这种差距甚至有缩小的趋势,在1985年差距达到最小,城镇居民可支配收入仅为农村居民的1.8倍。但是,随着经济的发展,城乡居民可支配收入的差距逐渐拉大。到2009年,城镇居民可支配收入为农村居民的3.4倍。如此大的收入差距,必然会影响到城乡中小学校之间教育投入的不均衡。

再加上我国长期实施的"以城市为中心"的发展政策,各种资源不断地从农村流向城市。这种资源的配置方式表现在教育领域内,就是城市中小学校教育质量整体要远高于农村学校,即导致城乡间义务教育的非均衡发展。其次,从我国不同地区来看,经济发展水平的高低直接影响到当地教育资源投入数量的多少。在这十几年中,上海、北京和天津三地不但经济发展水平远远高于河南、江西、贵州和甘肃,而且经济发展速度也要高于河南等中西部省份。

经济的快速发展又为当地政府加大教育资源的投入力度提供了充足的财政资源的支持。随着经济发展水平差距的逐渐扩大,区域间小学和初中生均教育资源的差距也呈逐渐扩大的发展趋势。其结果是,上海、北京和天津三地的小学和初中生均预算内教育经费支出水平也远远高于河南、江西、贵州和甘肃等中西部省份,小学和初中教育发展水平要好于中西部地区,全国各地区初等教育生均教育经费标准差呈现出不断拉大的趋势,说明我国地区间初等教育生均教育经费的绝对差异仍在拉大。

由此,我们可以得出一个简单结论:各地小学和初中生均预算内教育经费支出与地区经济发展水平有着类似的变化趋势,两者之间存在明显的正相关关系。这说明,区域间经济发展水平的差异导致了我国区域间义务教育的非均衡发展。这也与许杰(2006)的调查结果相一致。在该项调查中,各级教育部门的负责人普遍认为,我国经济社会发展的不平衡性是导致区域间义务教育非均衡发展的首要原因。

(三)收入分配不合理

义务教育非均衡发展的加剧与固化除了教育经费配置不均衡外,影响义务教育阶段非均衡发展的另一个主要因素就是师资。影响教师在学校间、城乡间和区域间任教的主要因素有外部环境和个人收入。个人收入和外部环境之间存在着正相关关系,即重点学校、城市学校和经济发达地区的学校教师收入要远高于非重点学校、农村学校和经济落后地区学校的教师。根据2008年教育部国家教育督导团发布的《国家教育督导报告》的有关数据显示,我国教师工资收入水平城乡差距依然较大,"全国农村小学、初中教职工人均年工资收入分别仅相当于城市教职工的68.8%和69.2%"。而且,在一些地区城乡教职工工资收入差距还在不断扩大,严重影响到薄弱学校、农村学校和落后地区学校教师队伍的稳定。除了工资收入相对较低以外,在这些地区就职的教师还面临培训经费匮乏的局面,有"65.7%的教师反映个人承担了半数以上的培训费用,个人负担过重"。教师培训经费的短缺,不能满足教师专业发展的要求,影响教师个人未来发展的空间。

这种因工作环境不同,导致教师之间存在严重"同工不同酬"的现象,必然会引导那些教学优秀教师向收入高、环境好的学校流动。一般地,教师流动方向大致为农村流向城市、普通学校流向重点学校、落后地区流向发达地区。

二、义务教育非均衡发展的影响

随着时间的变化与国家经济发展水平的不断提高,以前实施的"国家主导,效率优先"的办学方向逐渐变得不能适应新时期社会公众对教育公平的需求,"重点学校""重点班"等办学模式备受诟病。虽然在建国初期,这种"集中力量办大事"的办学模式具有一定的效率,但不可否认的是,义务教育非均衡发展对我国的中小学教育还是产生很多不良影响。

(一)教育资源配置效率低下

在西方经济学中,经济学家普遍认为,在企业生产活动中,如果其他生产要素的投入保持不变,随着一种生产要素投入的不断增加,该要素每投入一单位,其所能获得的产品数量将逐渐减少,这就是著名的边际递减效应。这说明,如果一个生产性企业在生产过程中,一种要素使用量的持续上升,并不会给企业带来更多的产品。相反,甚至会导致产品产量的下降,最终导致生产资源配置效率的下降。这种理论在我国计划经济时代得到了广泛的

第二章　义务教育均衡发展的历史与现状剖析

证明。比如,在经济改革以前,一亩(1亩≈666.67平方米)土地的劳作可能两个人就足以完成生产任务,但是集体化耕作的要求,事实上会有五六个人,甚至更多的人同时劳作。那么至少就会产生两种情况:一是作业空间有限,这些人在劳作的时候可能会影响其他人耕作,在没有实施良好的生产分工与协调下,劳动力数量的增加只会造成单个人的生产效率下降;二是集体协作的困难,生产过程中"搭便车"的行为不断增加。早在1980年,美国经济学家曼瑟尔奥尔森在其著作《集体行动的逻辑》中就已指出,在一个集体中单个人的劳动所带来的集体物品也会被其他成员自动地享有,那么"搭便车"行为就无法避免,每个人都想减少自己的劳动投入量而获取其他人的劳动果实。因此,在一个更大的群体中想获取更多的集体物品几乎是不可能的,相反,在小群体中还可以获得比较接近最大化产量的集体物品。显然,"成员数目多的集体的效率一般要低于成员数目少的集体"。

对于一个学校而言,其教育投入与教育产出(比如学生的学业成就、学校的集体声誉等)之间同样存在边际产品递减和资源配置效率下降的问题。以对学校教育质量最为关键的两大因素——教育经费和师资条件——为例,我们同样可以论证教育资源的过多投入会导致资源配置效率的下降。首先,就教育资源的配置而言,如果我们将办学条件——教学仪器设备、图书、教学及辅助用房等统统视为教育经费投入结果的话,那么,在办学规模没有发生较大变化的情况下,购置更多、更新的教学仪器设备、图书,或者建设更新、更漂亮的大楼等,不但会导致原有设备、图书等资源被束之高阁,造成教学资源利用率下降,甚至是资源的白白浪费;严重的还会造成学校近乎"病态的"发展,如不断地实施旧房改造、路面一遍遍地翻新等等,从外观看这些学校简直就是"人间天堂"。即使学校办学规模随之扩大,那么学生数量的增加也会对学校管理水平等提出更高的要求,否则办学规模的扩大并不必然带来规模效益。相反,那些农村学校、老少边穷地区的学校(尤其是教学点)、城市薄弱学校等,由于教育资源的匮乏而不得不在危房中上课,不得不几个年级共用一间教室,教学实验课等更成为一种奢望。两相比较,在同一国度里,同样是祖国的"花朵",竟然分别享有两种截然不同的教育机会。

其次,对那些重点学校或城市学校而言,教师数量的持续增加既会对学校管理水平提出更高的要求,也会因教师激励的不足导致学校教学水平得不到同样幅度的提高。相反,还会增加教师之间在共同维护学校声誉,或者为学校更好的发展努力贡献时的"搭便车"行为的发生。在当前学校教师退出机制不完善的情况,一旦某个教师,特别是有些优秀教师进入一所重点学校后,往往会产生所谓的"水土不服"的现象,没有给新学校带来期望中的变化。究其原因,除了学校环境的变化给教师自身带来一些影响和教师适应新环境的能力不足等原因之外,教师自身的"职业懈怠"或"职业倦怠"也是一个主要的因素。职业懈怠的产生与其他教师"搭便车"行为有密切关系,而职业倦怠的产生与激励机制不足等有关。当一个教师努力工作为学校和所在班级带来积极影响或成绩时,如果其不能获得全部甚至大部分的奖励、并且努力的成果被其他教师共享时,教师职业懈怠就会发生。当一名教师进入重点学校或城市学校之后,由于重点学校的学生本身就比较优秀,与之前相比,教师或许可以用更少的工作努力而取得同样甚至更高的工作成绩,因此有些教师难免会产生职业倦怠。可以看出,无论是哪种情况都会导致教师资源配置效率的下降。这也是国内很多学者提出借鉴国外对学校效能和教师教育质量评价中的"增值性"评价方法,来判断学校对学生学业成就以及其他素质成长的影响,并用于考核和评估我国的学校效能和教师工作绩效,以促进教育水平的不断提高和义务教育均衡的不断发展,促进学生和学校全面的发展。

反之,由于学校办学条件的落后,学生整体的学习素质不高,农村学校或薄弱学校的教师也会出现两种分类。一类教师会因为觉得自己再怎么努力工作也无法抵消外在环境对学校管理和学生学习态度的负面影响,看不到努力工作之后的成绩,加之学校对教师的激励不足和升迁无望,因此出现职业倦怠现象。另一类教师为了早日获得更高的职称,以便跳槽到重点学校或城市学校,会自觉努力工作、尽可能地抓住每一次教师培训机会,为自己能够获得更好的发展积累资本。但是,一旦其拥有更高的职称之后,一些教师便不再安心于本校的工作,而是千方百计地实施跳槽行为。由于教师的职称和最终受教育水平对学生学业成就的增长有比较明显的影响(张文静等,2010),在这些拥有高级职称的教师调离到其他学校之后,原有学校的教学水平往往会出现大幅下滑。因此,无论是在哪一种情况下,教育资源的非均衡配置,都会导致农村学校或薄弱学校的教师资源配置效率同样出现下降。

此外,随着我国经济发展水平和城镇化水平的逐步提高,进城务工人员子女随迁入学等政策的实施,很多农村适龄儿童不断选择城镇学校就读。这既造成了城镇学校现有教育资源供给严重不足,又导致很多农村学校出现"空壳化"的发展态势。一方面,即使那些原本非常辉煌的学校也面临生源不足、难逃破败落寞的尴尬局面。在我们调研中就发现一些农村学校,偌大的校园里只有十几个学生,大量的教室和桌椅等教学设施被空置。另一方面,大量随迁适龄儿童就地入学挤占所在城镇学校的办学空间,使得学校办学条件相对下降,大班额和超大班额现象层出不穷。但是,当地政府又无法对学校进行更多、更大规模的投入,因为很难判断这些流动儿童就学的稳定情况,一旦流动儿童返回原籍就学或流动到其他地方,那么已经投入的教育资源很难避免利用率下降的问题。因此,从上述分析不难看出,当前我国义务教育的非均衡发展,会导致重点学校与薄弱学校之间、城镇学校与农村学校之间教育资源配置效率的双重下降。

(二)教育不平等

一般地,教育平等是指一国国民在接受教育活动中具有平等的身份和权力,以及在受教育过程中平等的占有教育资源,并取得相对平等的教育结果。

也就是说,一国居民在接受教育时不因其户籍、经济水平、性别、民族等条件的不同接受有差异的教育机会和教育条件。按照美国社会学家Coleman(1966)的分类,教育平等一般包含四个方面的内容:(1)接受教育机会的平等;(2)参与教育过程的平等;(3)教育结果的平等;(4)教育对学生未来发展的影响的平等。就义务教育阶段而言,教育平等主要体现在教育机会的平等和教育过程的平等,这也是政府部门和教育机构等教育参与者所能够发挥作用的主要领域。因此,它就要求政府向本国国民提供无差别的教育服务,使每一名适龄儿童都能获得相对平等的义务教育。

另外,义务教育的公共产品属性决定了其公平的特征。一般的,公共产品是指能够同时满足"非排他性"和"非竞争性"两个属性的物品。"非排他性"是指如果一种物品被提供之后,没有一个人可以被排除在消费或使用该物品的过程之外,"非竞争性"是指,一旦该物品被提供之后,其他人消费或使用它的成本是零,而且消费者所消费的是完整的物品,而不只是其中的某一部分。这就是说,消费者在消费公共物品的时候,应该是同质的、无差异的产品。那么,义务教育作为政府由提供的一种公共物品,也应当具有同样的要求,它要求政府为每一名适龄儿童都能提供无差异的服务,使其享有同质化的教育。

随着我国实施"普及九年义务教育"和"两基"工作的逐步完成,处于初等教育的适龄儿童基本上都可以实现"有学上"。根据教育部《2010年全国教育事业统计公报》的统计数据,到2010年底,我国小学学龄儿童的净入学率达到99.7%,初中阶段毛入学率达到100.1%,这表明,每一名适龄儿童都都能"非排他性"的接受政府提供的义务教育服务。但是,在接受该项公共服务时,不同学生之间却不能"非竞争性"的享有平等的教育机会,即不能全部实现由"有学上"到"上好学"的转变。同为"祖国的花朵",有的学生却能在"温室中快乐地成长",享有宽敞、明亮的教室,配备高学历、富有教学经验的教师,有足够多的、先进的仪器设备来发展自己的课外兴趣;有的学生却不得不面对"狂风暴雨",在四面透风的教室里学习知识,在昏暗的灯光下读书,没有现代化的体育场馆,只有风雨操场锻炼身体。很多学生在初中学习物理、化学时根本没有像样的教学仪器,只能认真地听老师去描述。而在这些老师中,又有很多是未接受过正规大学教育的教师。尽管他们勤勤恳恳地上课,但还是不能弥补知识结构的缺陷,无法适应现代化的教学模式。

(三)教育内涵扭曲

我们的教育始终是以"培养全面发展的人"为主要目标,注重提高学生的综合素质,实现每个人"德、智、体、美、劳"五个方面齐头并进的全面发展。但是,由于我国教育体系还存在很多不足,学生就学还是以考入名牌大学为主要目标,实际教学工作中,中小学校往往只强调了学生智力的发展,忽视对其他素质的培养。社会和学校也大多以成绩论英雄,仅仅以智力发展作为人的发展的重要部分。这种以偏概全的做法十分不利于学生的全面发展和健康成长。

因而,教学活动严重偏离了教育目标,教育活动本身也呈畸形发展,特别是教育的非均衡发展更是加重了教育活动内涵的扭曲程度。

教育非均衡发展,使得优质教育资源成为社会最为紧缺的资源之一。在大多数公众的眼里,孩子如果能够在名校、重点学校学习的话,那么,他在未来社会的竞争中就能够取得很好的成就。因此,教育活动内涵的严重扭曲表现在家庭层面就是,所有的教育活动归根结底是看学生能否进入重点学校,能否取得好的分数。为了保证自己的孩子能够进入重点学校,很多家长不停地为孩子报各种各样的补习班、兴趣班。当前这种对优质学校入学名额的竞争逐渐向幼儿园阶段蔓延,对"智"的要求竟要从娃娃抓起。这种把教育活动简单归结为重点学校和好的分数,忽视学生成长过程中同样重要的"德、体、美、劳"养成的观念,造成了许多学生在学习过程中产生较为严重的厌学情绪。在这样的教育体系和教育观念下所培养的学生始终是"残缺的",诸如被贴上"智高德低""智高体弱""智高从恶"和"智高恶劳"等标签的学生层出不穷。所以,这种教育的非均衡发展不但严重扭曲教育的内涵、不能很好地实现教育活动本身的目标,还大大降低了教育本身对社会经济发展所做出的贡献,甚至还会对社会产生一定的负面影响。因为,当一个具有高智商的人去为恶时,则其对社会的危害更大。正如毕淑敏所描述的那样,"在自然科学家中,从来就不乏为魔鬼铸剑的人"。

(四)教育腐败滋生

义务教育阶段屡禁不止的"择校热"是教育非均衡发展的一个重要表现,它既引起了社会公众对教育资源配置不均等日益增长的不满情绪,加重了普通家庭的经济负担,使一些优秀的学生得不到优质的教育,同时还导致教育机构层出不穷的"教育腐败"现象的发生。根据《中国青年报》社会调查中心通过北京益派市场咨询有限公司和民意中国网,对全国 30 个省、市、区 2952 名公众进行一项调查,结果发现,在受访者中有 56.5% 的人认为当前的教育状况"越来越不公平",有 75.8% 的人认为择校费是最严重的教育不公平现象,义务教育阶段的不公平居各教育阶段之首。

事实上,"择校费"和"择校热"本身就是教育资源配置不均衡下的产物,"被择"的也是当地"示范学校"或"重点学校"等优质学校的优质资源。它们往往是由政府集中资源创建的,虽然有历史因素在里面,但是当前仍有很多教育行政管理部门"偏爱"这些学校,造成校际间的发展差距越来越大,使得优质教育资源日益成为社会最稀缺的资源之一。其后果是,每每在新学期开学的时候,许多家长和学生涌向名校,为了能够争取一个名校的入学名额,很多家庭开始"拼爹、拼钱、拼命"。据《光明日报》报道,2011 年幼升小,广州市各名牌小学的择校费是"华侨 7 万、东风路 8 万、番禺市桥中心 12 万、华师附小 16 万",而北京市名牌小学的"择校费"少则是6万元,最高则达到了26万。

在调查中还发现,全国一些重点城市的中小学择校费不断上升,就北京市而言,近年来"小升初"的择校费每年至少递增30%。这些"择校费"一方面加重了学生家庭的经济负担,也加重了学生的心理负担。很多家长在学生成绩并不理想的时候,总会拿这些高额的费用去训斥他们,久而久之造成学生严重的心理问题,甚至是出现自杀的倾向。"最近比较烦,比较烦,比较烦,曾觉得上学应该很简单,我想我还是不习惯,为了择校而东跑西颠"。戏谑的歌词,道出的却是社会公众的诸多无奈和辛酸。

由于收取"择校费"是一种违规、违法的行为,各学校在收取费用的时候,并不提供相应的收据,教育行政管理部门既不承认,也没有对其进行统一、有效的管理,造成"择校费"成为学校利用公共资源为自身牟私利的工具和手段。同时,政府教育行政管理部门对"择校费"管理的缺位,造成这些费用如何运用及流向成为一个"迷",因而成为滋生教育腐败的温床。

据《京华时报》报道,2010年1月北京市西城区法院宣判一所重点小学的正副校长私自截留、侵吞共建单位缴纳的"捐资助学款",每人侵吞70万,被依法判处6年刑罚。两人私自截留的"捐资助学款"作为该校的账外资金,除当事人之外无人知情,学校财务账目上也没有相关记录,因而为其罪行提供了便利。"管中窥豹,可见一斑"。由此,我们可以想象义务教育的非均衡发展在当下所造成的教育腐败有多么的严重。解决此类事件最根本的办法还是促进义务教育学校均衡发展。

当学校间的发展差距不再悬殊,任何学生不管进入哪所学校都能享受到较为平等的教育服务的时候,愈演愈烈的"择校热"现象才会得到有效的改善。

三、义务教育均衡发展实践路径

鉴于我国各地经济发展水平不均衡、人口规模和地理环境存在显著差异的情况,各地政府和教育主管部门把《教育规划纲要》中的精神与本地实情相结合,在发展中不断摸索适合当地情况的义务教育均衡发展路径。在本章中我们梳理了近年来全国各地推进义务教育均衡发展的政策措施,从中归纳出当前我国推进义务教育均衡发展的实践路径,并分析了其中的经验和不足。

(一)路径一:义务教育学校标准化建设

根据许杰(2006)对国家教育行政学院第18期全国各地教育局长培训班及第10期县市教育局长培训班的学员调查,结果显示,市、县两级分别有77.22%和68.86%局长认为当地的基础教育存在严重的不均衡,并且这些不均衡首先表现为城乡之间的不均衡;就东、中、西部地区而言,持有这种观点的局长比例分别是60.81%、68.49%和81.82%。这说明,缩小城乡义务教育发展差距是实现义务教育均衡发展的路径之一,城乡差距过大的一个重要表现就是城乡学校之间在办学条件上存在很大差距。因此,有学者建议,建设标准化学校将有利于义务教育均衡发展目标的实现。

国际上实施基础教育标准化办学,并且取得显著成效的国家是日本。日本教育法律明确规定了基础教育学校的建设标准。如《学校教育法》及《学校教育法实施细则》明确规定了基础教育阶段学校办学的最低标准,对学校位置、占地面积、校舍面积、师资条件、教学仪器设备、运动场馆和图书资料等软硬件设施都有具体的要求。因此,按照基准办学标准建设的学校都能获得相对有保障的办学条件。与日本注重办学条件的标准化不同,美国更多地关注于教育质量或教育结果的标准化。美国基础教育标准化的主要内容包含两个方面:内容标准和表现标准。其中,内容标准侧重于描述在核心学术领域内,每个学生应该知道什么和应该做什么。内容标准必须适用于所有的学生,而不管其社会背景、文化背景和经济背景如何,也不管他们有没有特殊的学习需求。表现标准主要回答"怎样好才算足够好"的问题。这一标准

第二章 义务教育均衡发展的历史与现状剖析

明确学生如何展示他们对每个州内容标准所规定的知识和技能的掌握程度。

从国际经验来看,无论是学校建设的标准化还是教育质量的标准化,更多的是规定了在一定时期内学校办学的最低标准,该标准是由国家政府制定并实施的。因此,所谓标准化学校,主要是指义务教育阶段的学校在办学条件上的建设要达到上级规定的标准,该标准在一定区域内是统一的。其目的就是要使每一所义务教育阶段的学校在"师资、设备、图书和校舍"等资源配置上实现均衡,为每一名适龄学生都能提供相对公平和均等的就学机会。也就是说,学校在办学规模、办学条件、师资配备、校舍面积、图书册数、教学仪器设备等方面达到国家或省级政府规定的最起码的标准要求。如果将该标准所覆盖的范围扩展到全国,那么"就是在义务教育领域内根据法律规定,确保全国基础教育大体拥有均衡的物资条件和师资队伍条件的规范化学校"(杨兆山、金金,2005)。从最高目标来看,义务教育均衡发展应该覆盖全国范围,使每一名适龄儿童都能享受到相对公平的义务教育服务,而不论其身处何地、民族、家庭出身、性别等条件的差异。对应该目标,义务教育标准化建设所依据的办学标准,应当由中央政府或教育部统一制定,国家提供一个在全国范围内适用的办学条件,确立一个相对统一的义务教育阶段办学标准体系,使每一所中小学校都能拥有大体均衡的办学条件和师资水平。

就其内涵来讲,义务教育学校标准化建设主要包含以下几个方面的内容:第一,标准化学校建设的办学规模标准。该标准主要包括学校占地面积、校舍建筑面积、学校班级数和班额等。在制定该标准的时候,应考虑各地的实际情况,以一定区域内学龄人口数量为基准,办学规模标准应以生均标准为主,总量标准为辅。

第二,标准化学校建设的基础设施标准。该标准要求学校应当按照一定的数量和质量,建设完成能够满足正常教学活动的基础设施,比如教学及辅助用房、教学仪器设备、行政办公用房、生活用房、体育运动场馆和图书等。同样,这一标准既要考虑学生规模,也要考虑生均办学条件。在满足正常教学的基础上,考虑更多的是生均指标。

第三,标准化学校建设的师资队伍标准。该标准主要包括以下几个方面:(1)学校各科教师配备应达标,尤其是副科教师应完备;(2)教师个体的学历与学力水平要达标,它包括具有不同级别专业技术职务的教师数、不同学历的教师数,以及合理的年龄结构等;(3)与学生规模相适应的教师数量。同样,该标准仍然是在总量规模的基础上,以生均数为主要参考依据。

第四,标准化学校建设的课程设置。课程设置,要明确受教育者个体在德、智、体、美、劳等方面要达到的规定水平,在此基础上,形成一个相对统一的标准。

同时,考虑各地、城乡之间的差异,还应注重地方特色和校本课程建设。虽然在现有的经济发展格局下,要实现全国义务教育阶段学校达到统一标准是很困难的,也是不太现实的,但是这并不妨碍理论上的讨论和在区域范围内的实践。从本质上来讲,标准化学校建设其实是"抬高底部"的均衡发展模式之一。因为,标准化学校只是保证每一名学生都能享受到一个最低层面的、相对均等的学习机会,它并不限制优质学校或城市学校发展水平的不断提高。所以,标准化建设只是义务教育水平的发展,并不必然、也不要求限制或缩小义务教育阶段学校区域间、城乡间和校际间的发展差距。尤其是在经济发展水平较低、政府财政能力不高的区县,标准化建设可能会导致义务教育学校低水平的均衡,使有限的教育资源更加分散,学校办学条件并未满足教育发展的需要,导致教育资源配置效率的下降。更有甚者,在有些地方,教育行政管理部门和优质学校也以标准化建设这一概念模糊义务教育的均衡发展,并以此为借口继续提高优质学校和城市学校的发展水平,使得学校之间的发展差距不但没有缩小,反而进一步加大,进而推卸教育行政管理部门在义务教均衡发展上的责任。

(二)路径二:校长和教师流动

从办学条件的差异来看,义务教育阶段学校之间的发展差距不仅体现在基础设施上,更多的还是体现在师资力量和学校管理水平上。而且,不同于物化的教学设施,没有思考和自身追求,教师是一个具有人格和独立思考的群体,因此,在促进师资配置均衡的道路上,各地的实践经验既相似又有不同之处。其中某些做法也并不是本书所倡导的,甚至是反对的。从对全国各地区县教育行政管理部门的政策措施分析来看,在校长和教师流动方面,主要的做法有以下几种。

1. 校长流动制度

陶行知曾经说过:"校长是一个学校的灵魂"。通常情况下,校长并不仅仅是学校行政负责人,他还是凝聚学校全体师生向心力的核心力量;他能够掌握现代教育发展的规律,不断提升学校的办学水平和教育质量,为学校赢得良好的社会声誉。而且,校长,特别是名校校长都具有良好的社会关系,掌握着大量的社会资源,如果不长期流动,可能会使其在学校管理上墨守成规,甚至是独断专行,导致学校管理体制僵化和人际关系复杂化、滋生腐败等不良现象。"流水不腐,户枢不蠹"。实行校长的合理流动,不仅有利于义务教育学校间的均衡发展,还有利于学校的民主化和廉政化建设,也有利于校长自身的成长。

(1)校长流动政策类型。就各地实施的校长流动政策及实践来看,主要有以下几种类型:第一,多岗交流制度。一些区县为了更合理地培养学校管理干部队伍与实施干部的岗位锻炼,教育行政管理部门结合每一位培养对象的知识储备、管理水平与能力、岗位要求等,把一些校长、副校长与校长助理等干部队伍交流到优质学校、一般学校、薄弱学校、特色学校等,或者将城区学校与农村学校、优质学校与薄弱学校等办学层次不同、办学条件不同、办学特色差异的学校之间进行"捆绑式"交流。通过这种方法,实现校长在不同环境、不同岗位上锻炼的机会。第二,校长定期轮岗制度。在建立严格、合理、科学的校长轮岗制度的基础上,一些区县教育行政管理部门实施以名校校长轮岗为突破口,首先让校长"动"起来的交流制度。打破校长聘任的终身制和"只向上流动,不向下回流"的非正常现象。第三,校长挂职锻炼制度。挂职锻炼主要有三种形式:上挂、下派与横向交流。上行挂职锻炼主要是指,区县教育局在本县(区、市)农村学校或薄弱学校选拔具有潜力的校长或副校长到城区学校或优质学校担任一定行政职务,学习先进的学校管理经验。下派挂职锻炼主要是指区县教育局在局机关选拔优秀科长,或者在城区学校与优质学校选拔优秀教学副校长到区域内的农村学校或薄弱学校任校长(副校长)。横向交流挂职锻炼又分为区内或区域间的交流,主要形式是选拔学校校长或副校长到办学水平相似的学校或者其他地区的优质学校等学习。通过挂职使学校干部队伍在新岗位、新环境中得到锻炼,提高了学校干部队伍的工作能力和管理水平。美中不足的是,这种挂职锻炼的交流周期一般比较短,基本上不会超过一年,大多是一个学期的时间或两三个月,甚至只有短短几天时间。

另外,还有一些地方教育行政管理部门为了提高校长干部队伍的管理水平和领导能力,对内部的学校进行重新划片,每一个片区都有一个办学水平相对较好的学校,并以该校为核心成立联盟校管理委员会,由优质学校的校长担任管委会主任,定期组织开展活动,具有发展潜力的学校的校长担任管委会副主任,定期到优质学校学习培训。

(2)经验教训。综合来看,在各地校长流动政策实践过程中,制度保障尚不完善。主要体现在:①流动校长的标准。有些地方在政策实践中只是笼统的规定校长必须进行交流,没有更为具体的操作办法。比如什么样的校长应该流动?是全部校长流动还是部分校长流动,是优质学校校长流动还是薄弱学校校长流动?等等。如果没有明确的规定和制度保障,就会导致校长流动的"暗箱操作",一些名校的校长始终处于"任尔东西南北风,我自岿然不动"的状态。如此一来,校长交流政策的效果就会被打折扣,实现不了交流的预期目标。我们认为,校长流动制度应该包含区县内所有学校校长,在交流过程中可以甄别出管理水平低、不合格的校长,并将其从校长队伍中调整出去或者安排学习培训。②交流时间的规定。一名优秀校长对学校发展规划的设计、实施和产生效果,需要一定的时间保障。如果任期过短,校长的管理理念和风格尚未完成,就不会对学校的发展产生明显影响,导致流动的效果不显著。另外,时间过短还会影响学校的可持续发展,交流校长为在短期内实现自己的政绩,会搞一些急功急利的形象工程。如果任期过长,则不利于提高校长,尤其是优质学校和城区学校校长交流、轮岗的积极性。③待遇问题。即使是在同一区域内,不同学校之间福利待遇的差距仍然比较大,不缩小或消除学校间的待遇差距会为校长交流带来诸多阻碍,也会降低城区学校或优质学校校长向农村学校、薄弱学校交流的意愿,甚至会导致新的教育腐败问题。

2. 教师交流制度

教师是教育资源中最重要的资源。近年来逐渐升温的"择校热",本质上还是选择优秀教师。因此,师资水平之间的均衡也是义务教育校际均衡发展的重要方面。纵观各地义务教育均衡发展中的政策制定与实践经验,教师流动和交流也是推动义务教育均衡发展的一个普遍措施。

(1)教师交流政策类型。从制度设计和制度保障来看,各地教育部门在教师流动方面的做法可以分为以下几类。

第一,教师资源补充制度。教师资源补充制度主要是指区县教育行政管理部门根据义务教育均衡发展的目标要求,结合本地学校课程设置和学生规模,通过招聘、选拔等方式,及时合理地进行缺编教师的补充,使学校教师在学科、学历、职称、年龄等方面更为均衡的制度。近年来,为了促进义务教育学校间教师队伍的均衡化,各地教育行政管理部门坚持向农村学校和薄弱学校倾斜的政策,通过不断地向农村学校和薄弱学校输送大量的新任教师,提高学校的办学水平和办学质量。同时,各地区教育行政管理部门不断完善教师公开招考、聘任和选拔制度,认真做好教师职前培训工作,认真把好教师的"入口关",保证了新补充教师队伍的质量。

从政策实施来看,各地区大多是按照农村学校或薄弱学校教师缺编情况,将每年新招录的教师全部或大部分分配到农村学校和薄弱学校任教,不断加强这些学校的师资队伍建设。

第二,强制性流动制度。所谓强制性流动通常是指政府以法律、法规或行政命令等形式,以行政力量强制干预教师的个人行为而形成的流动,这种流动大多违背教师的个人意愿。从政策手段来看,作为地方义务教育均衡发展措施之一,强制性教师流动又分为两种类型:一是按照某一标准或教师比例强制规定教师必须进行流动;二是强制规定农村学校或薄弱学校的教师禁止正向流动到城市学校或优质学校。

第三,政策引导性流动制度。所谓引导性流动是指教师根据自身的需要而改变教学环境,通常这种流动是以市场机制为主的教师资源配置。在这种流动制度下,教师根据自身的利益追求,选择流动或不流动,并承担抉择的一切后果,而不受外力的干扰或强迫。在各地义务教育均衡发展过程中,有些教育行政管理部门也采用了引导性政策,引导教师向农村学校或薄弱学校流动,从而实现均衡发展。从其政策内容来看,引导性教师流动可以分为三个类型:精神利益引导型、物质利益引导型和混合利益引导型。精神利益引导型是通过给予农村学校或薄弱学校教师以晋职晋升、评优评先、培训机会等倾斜政策,促进城市学校或优质学校教师自愿向农村学校或薄弱学校流动;物质利益引导型是通过给予农村学校、薄弱学校教师,或者支教教师以更高的工资待遇或津贴补贴等形式,促进教师的流动;混合利益引导型是综合运用上述两种方法,以促进教师的流动。

精神利益引导型教师流动政策主要表现为,区县教育行政管

第二章　义务教育均衡发展的历史与现状剖析

理部门实施评优、晋级的名额分配向农村教师倾斜,并逐步提高农村教师的专业技术职务聘任与表彰奖励指标分配比例。同时根据当前优质学校和优秀教师主要分布在城市,农村学校办学水平整体低于城市学校的现状,一些地方教育行政管理部门还规定城区教师晋升高级专业技术职务时,必须具有在农村学校或薄弱学校若干年的任教经历,并对到农村学校或薄弱学校支教的教师给予各种政策倾斜,如优先提拔使用等。实施政策力度比较大的,如湖南省C市,该市将教师职称评聘、教师评优评先和师德标兵评选等奖励活动中80%的表彰指标投放到农村学校。

物质利益引导型教师流动政策主要表现为,区县教育行政管理部门实施奖励性绩效工资分配向薄弱学校倾斜,或者将其工资水平向上浮动,并且采取完善的后勤保障措施,如开通通往边远农村学校的通勤车,设立县(区)长教育特别奖,对于那些在农村学校或薄弱学校连续工作满若干年的教师,以及进行支教并考核合格的教师给予物质奖励。典型的如江苏省Z市较大幅度地提高了农村学校骨干教师的奖励和津贴标准,并于2009年出台相关文件,规定"获得同类骨干教师称号的教师在农村学校任教(支教)的,特殊津贴标准提高一倍。

将城区学校到农村学校支教教师的支教津贴从每月300元的标准提高到500元;将镇属学校到本镇农村学校支教教师的津贴从每月100元的标准提高到了300元"。同样的,有一些经济不发达的区县,在财政能力不足的条件下,也实施了类似的政策。如安徽省W县政府[①]从2006年开始设立农村偏远薄弱学校教师特殊岗位津贴制度,对在这些学校任教的教师,政府每人每月发放特殊岗位津贴100元;2009年又把该津贴提高到每人每月150元,并为农村教师设立艰苦津贴每人每月80元。河南省L县也实施绩效工资向山区学校和偏远学校教师倾斜的政策,根据学校地理位置和环境,该县将全部农村学校教师绩效工资分为四类,

---

① 教育事业改革创新与均衡教育发展编委会. 教育事业改革创新与均衡教育发展[M]. 北京:经济日报出版社,2016.

分别比县城教师绩效工资高出 7%、5%、3% 和 2%。在湖北省 C 市,农村教师的绩效工资比城市教师每月高出了 150 元以上。而在太原市 J 区,虽然也实施了类似的政策措施,但是其激励程度并不明显,对山区教师的补助每月仅 30 元①。

当然,从以人为本的角度出发,引导性流动要比强制性流动更具有人性,对教师个体也更具有公平性,其实施效果也好于强制性教师流动。但是,有些地方教育行政管理部门仅仅是把这种措施和奖励机制作为"弱强制性流动"的补充和保障机制,与我们所倡导的引导性流动还有所不同。然而有些地方教育局已经开始探索并实施了类似的引导性流动政策,大幅度降低了教师流动的门槛和诸多限制,探索以市场化引导教师资源配置,以市场化促进义务教育学校校际间师资力量的均衡发展。比较具有代表性的政策实践有杭州市 X 区和天津市 B 区等。在杭州市 X 区,该区教育行政管理部门在严格实施教师资格制度与职务评审制度、提高教师准入门槛的前提下,实施教育系统内部教师与学校间双向选择、全员聘用政策,以推进教师校际间的流动,由教师流动"三同意"(即个人、学校、教育局)向"一同意"(即受聘学校)转变,逐步优化教师资源的均衡配置。类似的,天津市 B 区实行岗位聘任制、建立健全教师收入分配激励机制与考核评价机制,并成立"教育系统人才服务中心",负责落聘待岗人员的培训、管理和再推荐工作。

同时实施向名特优骨干教师、一线教师和农村教师倾斜政策,在此基础上,实施教师双向选择政策,以实现教师的合理流动,从而破解优秀教师流动的难题。政策实施后,该区农村学校优秀教师流失现象明显减少,教师学生"回流"明显增加,有效地推进了城乡义务教育均衡发展。由此可见,即使实施市场化的教师资源配置政策,也能够有效地促进义务教育均衡发展。

---

① 教育事业改革创新与均衡教育发展编委会. 教育事业改革创新与均衡教育发展[M]. 北京:经济日报出版社,2016.

第二章 义务教育均衡发展的历史与现状剖析

（2）经验教训。教师不仅仅是最重要的教育资源,他还是一个具有人格和独立思考的自然人。在义务教育均衡发展过程中,教育行政管理部门不能采取"一刀切"的方式促进教师流动,粗暴地干预教师自身合法的权利要求。尤其是强制性教师流动政策,必须具有完善的配套措施,否则就会伤害教师的积极性,导致政策实施不但没有提高农村学校或薄弱学校的办学水平,反而会损害优质学校的教育教学质量。

为了学校的发展和便于对学校的管理,一些优质学校或城市学校校长也会对流动政策采取软抵触的方法,或借机把那些具有个性、不好管理的教师、年轻教师,甚至是自己不喜欢的教师统统以流动的名义推向其他学校。同样,对强制性禁止农村教师向城市流动的政策,不但会产生类似的政策后果,还极易引发教育腐败问题。当流动指标成为一种稀缺资源时,希望流动的教师不得不采取非正规途径,一些教育行政管理人员也会趁机"索、拿、卡、要",进一步加重教师精神和物质上的双重负担。

与强制性教师流动政策相比,引导性的教师流动政策实施效果更好,更有助于打破教师流动过程中存在的"名师流动少,流动难"的顽疾。据调查,有近60%的教师希望流动是"自愿申请的",或者是"能够满足个人附加条件",只有约28%的教师"愿意参与政策要求下的强制性流动"。新聘任教师补充到农村学校和薄弱学校更有利于提高这些学校整体的教育水平和教学质量。这是因为对新教师而言,所实施的一切政策也是新的,当其选择应聘本地教师岗位时,就已默认政策的各项要求,这就是"新人新办法,老人老办法"。对引导性流动的教师来说,他自身仍然具有选择的权利——可以选择不流动,获取生活安定等所得但需放弃其他一些利益;也可以选择流动,虽带来诸多不便但也获得一些其他利益。因此,这种选择始终是其根据自身的需要做出的,没有外力的强制干预,选择的后果也由教师本人承担。这两种流动类型的教师一般都会慎重做出选择,无论怎样,都是最大化符合其利益的,因而他们交流到农村学校或薄弱学校之后也会相对稳定,对提高这些学校教学水平和教育质量起到重要作用。因此,推动教师流动必须充分考虑并尊重教师个人的理想与利益追求。只有当教师的流动成为自觉自愿时,教师的流动才具有活力,对农村学校或薄弱学校而言,这样的教师也是广受欢迎的,才能够真正促进义务教育的均衡发展。概而言之就是,政府做政府该做的事情,教师做自己该做的事情,学生做自己该做的事情,那么义务教育均衡发展也同样可以实现,而且还能真正做到了以人为本,社会和谐。

(三)路径三:学校布局调整和撤并

学校布局通常是指教育行政管理部门根据教育发展规划确定的教育事业发展目标和任务所制订的各级各类学校设置、调整和分布的计划。合理的学校布局应当考虑当地的社会经济、人口、地理条件等多种因素,如经济发展水平、人口规模及其分布、适龄儿童规模及地理分布、交通条件等。在综合考虑上述多种因素的基础上,正确处理设置学校的数量与质量、办学的规模与效益等。

学校布局可以随着本地区社会经济和人口的发展变化,做出相应的调整,使其更为合理。近年来,因受到农民进城务工、随迁子女城市就学、适龄儿童数量减少等因素影响,很多地方的农村普遍出现"空壳"学校或被动式的"小规模学校",导致教育资源的极大浪费。因此,在各地推进义务教育均衡发展过程中,布局调整和撤并中小学校也是一个较为普遍的做法。根据许杰(2006)对部分地区、县市教育局长的调查结果,一线教育局长普遍认为城乡之间的不均衡是当前义务教育阶段最大的不均衡。当前,县域内的薄弱学校主要集中在农村地区。因此,只要减少或消除农村薄弱学校就可以大大地推进县域内的义务教育均衡发展。然而,"成也萧何,败也萧何"。那些合理调整学校布局的区县提高了本地区义务教育学校办学水平和教育质量,而那些采取"一刀切、大跃进"式的学校布局调整的区县,尽管办学条件有了明显提

第二章 义务教育均衡发展的历史与现状剖析

高,但是学生辍学率和学生家长对教育的不满意程度都有提高。

从撤并学校数量与时间来看,各地实施的学校布局调整政策实践可以大致分为两大类:一是渐进式调整;一是激进式调整。前者是指在一个较长的时间内,按照人口规模与地理分布、经济文化基础、教育发展状况等因素,逐步完成适量的学校撤并与布局调整,使学校地理分布更为合理;后者是指在一个相对较短的时间内,大刀阔斧式地实施学校撤并与布局调整,甚至是采取农村"小学进乡镇,初中进县城"集中办学的调整方式。

采取渐进式布局调整的典型区县有天津市J县、石家庄市Y区与X区、吉林省H市、安徽省W县等;采取激进式布局调整的典型区县有辽宁省B县、吉林省T县、江苏省乙市、安徽省D县、河南省X市等。两种方式在推进义务教育均衡发展方面各有千秋,都取得了相似的成果。但是如果政策配套措施不完善,或者在政策制定的时候没有充分考虑当地实情的话,激进式布局调整带来的负面影响就要大于渐进式布局调整。

从学校布局调整的效果来看,采取渐进式布局调整的天津市J县认为均衡配置教育资源是缩小城乡差距、推进教育均衡发展的重要因素。均衡配置教育资源的一个重要途径就是科学地实施学校布局调整。自1993年以来,该县针对学校布局分散、规模较小、质量偏低的实际,经过两轮布局调整,全县中小学由过去的308所调整到现在130所,盘活了教育存量,特别是农村学校的规模效益得到彰显,推进了城乡教育发展一体化。石家庄市X区和Y区针对辖区内各学校办学规模不同,教育质量参差不齐的状况,按照地理位置、经济文化基础、教育发展状况及新建小区和辖区流动人口状况等因素,加快学校布局调整,使学校布局日趋科学合理,办学水平趋向均衡。X区先后合并了6所学校、撤并了6所规模较小的小学,Y区合并8所小学和5所中学。通过渐进式学校布局调整,两区积极稳妥地推进义务教育均衡发展[①]。

---

① 教育事业改革创新与均衡教育发展编委会. 教育事业改革创新与均衡教育发展[M]. 北京:经济日报出版社,2016.

同样,实施激进式学校布局调整的区县也取得了类似的均衡发展效果。典型案例如河南省 X 市在 2008 年一年内撤并了一批规模小、布局不合理的学校,使农村初中和小学分别由原来的 24 所、72 所合并为 17 所、58 所。这种大规模的学校布局调整取得了明显效果。

随着农村中小学办学条件的不断改善,该市农村学生进城现象得到遏制,不少乡镇甚至实现了进城学生回流,切实缩小了城乡间义务教育发展的差距。以及江苏省乙市,在 2005 年,该市政府撤并 10 所规模小、条件差、点位不合理的村校,针对学校布局调整以后部分学生上学路程较远的实际情况,该市积极采取了相应的配套措施,如由市财政每年补贴运营成本 650 万元,实施学生上学公交化工程,对全市范围内凡家校距离在 3 千米以上的学生上学均由校车接送改为公交专线车接送①。这两个案例虽然都实施了激进式的学校布局调整政策,但是由于相关配套措施的制定,以及地理范围较小等因素,都取得了明显的义务教育均衡发展效果。然而,也有一些区县因为相关配套政策尚未落实与实施,尽管也采取了激进式调整方案,但其效果和社会影响还有待进一步的观察与评价。如辽宁省 F 县教育局以学校布局调整为突破口,不断优化教育资源配置。为使全县中小学生都能享受到优质教育资源,促进教育公平,该县提出以"九年一贯制学校"、"农村初中进城"工程为重点实施学校布局调整。

从 2010 年开始,该县启动了"农村初中进城"工程,撤并了 28 所农村学校的初中部,同时将农村蒙古族初中生及蒙语授课的小学生全部集中到城内就读,到 2012 年全县基本完成"农村初中进城"等项措施。由于该县地域广阔,"农村初中进城"工程虽然有助于学校办学条件的提高,但是也造成学生上学路途变远以及学生与父母分离对其精神上的影响,给农村学生家庭带来经济和情感上的双重压力。

---

① 教育事业改革创新与均衡教育发展编委会. 教育事业改革创新与均衡教育发展[M]. 北京:经济日报出版社,2016.

第二章　义务教育均衡发展的历史与现状剖析

从政策实践的效果来看,学校布局调整确实有利于各地教育资源的整合,提高优质教育资源的利用效率,整体办学水平和教育质量有明显的提高,受到家长和教师、学生的欢迎。尤其是在农村、牧区及老少边穷地区,学校布局调整极大地改善了中小学校办学条件,优化了教师资源配置,缩小了城乡之间义务教育发展差距,切实推进了县域内义务教育发展。但是,正如企业一样,适当的规模才能产生规模效益。如果地方教育行政管理部门出于某种利益的考虑,一味追求学校集中,走向较为极端的发展路子,结果将适得其反,产生各种各样的负面影响,甚至将教育成本间接转移给学生家庭、教师和社会。调整后的学校规模扩大,管理难度随之增加,这提高了对学校管理水平的要求。如果学校自筹资金的能力没有随之增加,那么过快的布局调整会影响部分教职工待遇的提高,甚至下降,这又会影响教职工工作的积极性,进而影响学校教育水平和教育质量的提高。

学校布局调整和撤并学校,使得原先一些离家较近、但规模较小的学校不复存在。新建学校虽然在硬件设施和师资力量上有明显改善,然而由于离家很远,导致一些只有八九岁的小学生要走十几里甚至更远的路才能到达学校,因此许多学生不得不选择住校,然后就得学会各种生活技能,包括洗衣、做饭等。

同时,不适当的布局调整也会加重学生家庭的经济负担,尤其是在农村地区,很多学校被撤并到县城,一些家长背井离乡到学校附近租房子照顾孩子,既造成租房子的经济负担,又因土地荒废而遭受农业经济损失。

因此,为了合理地发挥学校布局调整在义务教育均衡发展中的重要作用,地方教育行政管理部门应当严格执行上级政府及教育部等部门有关布局调整的规定,确定适合当地实情的标准,并在撤并学校过程中认真咨询、听取民意。如果一所学校的撤并遭受一定比例的家庭反对,则必须停止撤并。另外,在学校布局调整过程中还要制订周详的计划与方案,采取稳妥的措施、适中的步伐,推进义务教育的均衡发展。

(四)路径四:建设特色学校

在义务教育均衡发展政策实践中,特色学校建设也是很多区县教育局所推崇的均衡发展路径之一,尤其是对经济发展水平不高、财政能力较弱的地方,这一做法更具有较强的吸引力。许多人认为创建特色学校,是另一种层面的均衡发展,是对千校一面的办学条件、教学内容、教育模式的重要突破,在一定程度上也是"因材施教"的一种体现。

所谓特色学校,在最低层面,是指具有自己办学特色的学校,这样的学校应当具有突出的办学强项或者某个明显的特征,这些强项或特征是与本校紧密相连的,从而使学校构成了不同于其他学校的办学特色;在最高层面,是指学校"基于一定的社会历史发展的人才培养的要求,在较高于一般学校的文化层次上,形成具有个性的教风、学风和校风,造成对社会文明的影响力和推动力的学校",这些学校一般都具备积极的创新意识与鲜明的个性特点,它能够融合本校实际和社区文化于一体,创新办学模式和办学理念,使学校成为一所具有独特办学风格的学校。而且,一所成功的特色学校还能够最大限度地动员全体师生参与到特色学校建设中来,既可以使教师和学生得到发展,又可以提升学校整体的办学实力,实现教师、学生和学校的"三赢"。

有人认为,特色学校建设能够促进义务教育均衡发展回归教育本质。这是因为,一方面特色学校之间并不具有完全的可比性,因而学校建设不会带来学校间排名的压力,而且学校的特色也是全校师生所认同而形成的,特色成为凝聚学校师生向心力的推手;另一方面,特色学校相对具有唯一的办学特征,能够让学生获得知识的同时,获取其他方面的学习能力,从而在其心灵深处留下深深的烙印和值得终身怀念的东西。因此,特色学校建设使学校发展由注重学生考试成绩向注重学生全面素质的提高转变,真正做到"以学生为本"的价值追求。

另外,特色学校建设不但可以激发学校的办学活力,提高学校资源的利用效率,还可以为学生提供更多的机会接受不同风格的教育,扩大学生的选择范围,满足不同学生个性化教育的需求,从而打破千校一面的沉闷局面。因此,特色学校也被视为是践行"因材施教"的典范之一,使学生在择校时能够做到"只选对的,不选贵的",也可以使社会逐渐树立"适合学生发展的学校才是好学校"的观念。

然而,就当前在各地开展的特色学校建设经验而言,不少地方的特色学校建设实际只是校长本人办学理念的一种实践,不能很好地形成一种制度以保证学校特色并不会随着校长的更迭而发生变化。甚至在一些学校,即使校长的办学理念并未得到全校师生的高度认同,但较为强势的校长仍然可以将此理念在学校实施,造成教师和学生家庭的无奈、消极的抵制,导致教育资源的内耗。

此外,一旦此任校长届满调离学校,之前所谓的特色学校建设也随之"土崩瓦解",学校发展仍然面临窘境,又重新回到原来的起点,造成教育资源的极大浪费。

也有调查发现,一些冠名为"特色学校"的中小学校,相当部分只是某种学科特色,有滥竽充数之嫌,一些学校甚至只是赶时髦,随便使用"特色学校"而已。

在我们的调查中也发现存在类似的情况。有些学校提出的特色学校建设其实只是丰富一下学生的课外生活,提出诸如足球特色、艺术特色等。甚至在一些学校,所谓的特色在于:学生实行全封闭、准军事化管理;教师也实行封闭式管理,和学生同吃同住,实行末尾淘汰制。在这样的特色学校里,"全天授课十二节,实行六天学习制,每周休息一天,月底休息两天"。

在整个社会教育观念和升学压力未减的情况,当前这样的特色学校在许多地方还会存在,也许还会受到部分家长的欢迎。但是,这样的特色学校建设无疑是将学生"囚禁"起来,接受基本的知识教育,只是为了获得较高的考试分数。然而,如此特色学校与我们的教育初衷无疑是南辕北辙,不要也罢。

(五)路径五:组建学区或学校联盟

学区化或学校联盟,是指在区县范围内,根据优质教育资源的分布情况,以优质学校或城区学校为中心,通过吸收临近的薄弱学校或农村学校,以及普通学校等不同发展层次的学校,组成区域范围相对较广的大学区,打破原有的教育教学管理界限,通过学区化管理平台,构建大学区内设施资源、人力资源、课程资源的共享和交流等均衡化发展的管理模式,实现区域内的义务教育均衡发展。

从形式上看,现阶段实施的学区化措施有些类似于经济发展中的"先富带动后富、最终实现共同富裕"思想。在每一个学区中都会配有不同类型的优质教育资源或者示范学校,然后搭配上几个薄弱学校或农村学校,并由优质学校或示范学校校长任学区长,负责统一配置学区内的教育资源和发展规划,推进区域内校际间的均衡发展。典型的政策实践案例有北京市D区、杭州市X区、上海市F区、天津市H区与、长春市X区和山东省Q市等区县。尽管主要的政策理念基本一致,但全国各地的实践路径却存在一定的差异,主要表现为两种形式:(1)优质学校与薄弱学校组成学区或学校联盟,以优质学校为龙头,带动薄弱学校发展。(2)城区学校和农村学校组成学区或学校联盟,以城区学校为核心,推动城乡之间均衡发展。

第一种均衡发展模式的典型地区有北京市D区、天津市H区、杭州市X区与长春市X区等[①]。如北京市D区按照街道行政区划将本区教育机构划分为五个学区,使每个学区内配有不同类型优质教育资源的品牌学校,在区域内实行教育资源的整合战略。在教育系统内部,实现"三个共享":设施、设备资源共享(避免重复建设),课程资源共享,人力资源共享(特级、高级教师跨校兼课、指导)。最大限度地发挥区域内优质教育资源的辐射、带动

---

① 教育事业改革创新与均衡教育发展编委会.教育事业改革创新与均衡教育发展[M].北京:经济日报出版社,2016.

第二章　义务教育均衡发展的历史与现状剖析

作用,实现资源利用的最大化与资源流动的畅通无阻。

类似的,天津市 H 区教育局也把辖区内的义务教育阶段学校划分成几个较大的学区,并把优质教师资源的流动作为促进区域教育均衡发展的重要举措,将教师由"学校人"转变成"学区人",骨干教师也由"一校独有"变为"学区共享",通过实施教师柔性流动机制,实现教师资源在区域内的流动。因此,此类教师流动机制打破了学校界限,实现了学区内优秀教师资源的均衡与共享,全区教师流动比例逐年递增。杭州市 X 区具有特色的名校集团化办学政策,形成"条块管理、快快落实、条块结合、统筹协调"为特点的"扁平化管理模式",

坚持以"紧密型"为主体,下属学校只设中层部门,管理的重心完全放在各下属学校的年级组和教研组。校区间文化、管理、师资等要素得到了成功迁移,集团化内的学校之间发展差距迅速缩小,逐步实现义务教育的均衡发展。

实施第二种均衡发展模式的典型地区有上海市 F 区、山东潍坊市 F 区和山东省 Q 市等。其中上海市 F 区和山东潍坊市 F 区是实施学校联盟政策推进义务教育均衡发展的典型,山东省 Q 市实施的是实施"城乡学校共同体"发展政策的典型。如上海市 F 区教育局于 2010 年正式出台了《建立紧密型办学资源联盟,促进区域义务教育均衡发展实施方案》,该方案提出了以城区学校为主体,与某一乡镇学校结成紧密型的办学资源联盟的均衡发展模式,即"A＋X 模式"

所谓"A"是指南桥城区 1～3 所优质学校,"X"一般是指一个乡镇的几所九年义务教育阶段学校,同时也包含该乡镇的民办农民工子女学校。在每一个联盟内,实施教师流动制度,让教研联动、管理互动和课程走动成为常态。区教育局明确规定每学年办学联盟内优秀教师交流轮岗的基本数量和要求等各项工作机制,并加强对联盟的管理工作,为推进区域内的义务教育均衡发展工作提供了有力保障。山东潍坊市 F 区在实施的联盟学校实践中,联盟学校岗位全部腾空,教师实行双向选择、竞争上岗,承认学校人事工资管理制度的教师自愿申请加入,没有申请进入联盟学校工作的教师,由区教育局安排到其他学校,并实行校长负责制和职级工资制,人、财、物、教独立。

依托名校的资源优势发展中小学校,实现管理人员、教师互相流动和理念、资源、方法、成果利益共享,共生共荣,形成可持续发展的区域特色教育,促进城乡教育优质均衡发展。山东省 Q 市以组建"城乡学校共同体"为主要措施,以教师交流、资源共享为重点,缩小城乡学校间的发展差距。规定城区学校校长每月有两天时间在对口帮扶的乡村学校上班、指导,每学期举办两次专题,共同体双方学校副校长和有培养前途的年轻中层干部到对方学校挂职,全程参与学校管理工作;全面展开城乡干部、教师交流,双方学校互派优秀教师到对方从事教育教学工作。综合上述各地的政策实践来看,学区化或联盟学校实际上是按照"不求所有、但求所用"的原则,为共享不同学校间的教育资源而组建的。

在学区或者联盟学校内仍然是以促进教育资源的合理分配为重点,以校长、优秀教师的流动为主要政策手段,不断缩小学区或联盟学校内的学校发展差距,推进区域内的义务教育均衡发展。因此,在本质上,这种政策是与校长和教师流动制度相一致的,两种政策实践的优缺点也比较相像。

所不同的是,这种政策实践,尤其是学区化政策,是将本地区划分为若干办学小区,学校之间在空间位置的分布相对比较近,因而更有利于校长、教师校际间的交流,降低流动的成本、避免教师交流积极性的下降。此外,将本地区的学校划分成若干学区或几个联盟学校,实质上是通过在更小的区域范围内实现均衡发展,最终实现地区内的均衡发展。但是,政策实践的结果也许会出现"五个手指"式的结局,即小区域里均衡发展并不能完全实现区县范围内的全面均衡发展。

因此,各个学区或联盟学校之间的发展差距也应当引起各地教育行政管理部门重视,不能以一种不均衡代替另外一种不均衡。

第二章　义务教育均衡发展的历史与现状剖析

本章小结

　　教育是改善人口素质，提升人口质量的有效途径。农村教育是基础教育的排头兵，具有基础性、先导性和全局性的特点。农村义务教育是我国教育体系的重要组成部分，其实施效果关系着今后若干年国家的人口发展素质，在"人口红利期满之后，提升广大农村地区的义务教育质量成为了迫切议题。由于城乡二元经济和二元社会结构的存在，农村儿童在文化资本、社会资源和自我实现机会的获得方面都远远落后于城镇地区的儿童。推进教育均衡发展，促进教育公平公正，让农村地区处于弱势社会地位的儿童获得优质的教育，是政府和社会的共同责任。国家在2005年后相继出台多项政策强调城乡义务教育均衡发展，并取得了一系列的成效。但是由于中西部经济发展上的差异，西部农村地区的教育发展仍然堪忧。本章主要介绍了改革开放以来义务教育的发展历程，从学生生源、办学条件、师资队伍、教育质量四个方面对县域义务教育均衡发展的现状进行了分析，并重点剖析了义务教育发展非均衡的表现。

第三章 山东省县域义务教育均衡发展的政策实施

目前,我国义务教育正在经历着"有学上"到"上好学"的历史性跨越。为了解决义务教育阶段发展不均衡的问题,我国先后出台了一系列相关政策,力图通过制度建设和政策推进,使义务教育由非均衡状态向均衡状态转变,同时勾画出了三步走的义务教育均衡发展规划和阶段性发展目标:第一步,实现初步均衡;第二步,实现基本均衡;第三步,实现高位均衡,即全面实现义务教育的公益性、公平性、普及性。

第一节 山东省实施县域义务教育的政策执行

一、县域基础教育政策的主要特征

(一)县域基础教育政策的区域性与同构性

县域基础教育政策,指的是县域政府为了完成在特定时期的教育任务和有效发展本县的教育,在国家和上级教育政策的要求和引导下,根据本县的具体教育现状,来对县域范围内教育发展的全局性行动制定发展目标、行动准则和采取相应措施的有关规定。县域基础教育政策是结合县域基础教育中社会经济、文化和历史等方面存在的差异,并以国家和省市基础教育政策为基础而实施的,它是高一级行政区域基础教育政策的具体实施,也是立足县域差异的自主建构。各县域因其自然条件、经济状况、政治条件、历史和社会文化背景等方面有着不同的发展状况,决定了其教育发展也有各自的特点和问题。因此,县域基础教育政策也具有相对的区域性,在对上级教育政策的理解、执行,和自身教育政策制定的过程中,更加强调地域特色。

区域性是针对县域基础教育政策的特性而言的,从共性上讲,县域基础教育政策与其他各级各类教育政策具有同构性。县域基础教育政策属于教育政策的范畴,教育政策又属于公共政策,教育政策的出台都基于教育实际问题,都需要相应的政治、经济、文化环境,制定主体都分为官方主体和非官方主体。教育政策的过程包括教育政策制定、执行、评估、终结几个阶段。教育政策的制定都要经过教育政策目标确立、教育政策方案设计、教育政策方案预测、教育政策方案选择、教育政策的合法化等几个程序。教育政策的执行情况都受执行者、目标群体、执行环境、教育资源等因素的制约。教育政策评价后要么是对政策进行改进然后继续实施,要么对其终结。

(二)县域基础教育政策的价值选择性

价值是事物存在和发展的合理依据。价值作为一种无条件的命令,成为事物存在的内在规定,赋予事物以意义。因此,价值也成为人们判定事物的标准,通常我们将符合先验的价值观念的事物称为"好事物"。价值是事物发展的一种引导力量,规定着事物发展的应然方向。价值属于人类需求和利益方面的现实性因素,其在个人行为和社会运动的系统中,是人们实施具体行为的产生动机和目的基础。

有人认为教育政策是一种价值中立的科学活动,不具有价值倾向性,这是不可能的,所有教育政策的制定和执行背后都有价值的驱动和引导。像所有的公共政策一样,教育政策是具有强烈价值倾向性的活动,教育政策活动表面利益冲突的背后隐藏着强烈的价值冲突,教育政策的价值无疑规制着其活动背后所依据和蕴藏的根本原则、标准和目标。从其本质上来看,它是基于价值言说的教育意义的表达和教育目的的指向,实现的是价值的政治性权威分配。

(三)县域基础教育政策的合法性

县域基础教育政策,作为教育政策系统中的组成部分,具有教育政策的共同特征。教育政策的制定,必将经过合法化这一过程,教育政策的合法化就是指教育政策的制定主体为使政策方案获得合法地位而依据法定权限和程序实施的一系列的审查、通过、批准、签署和颁布政策的行为过程。因此,教育政策合法化的过程,就赋予了教育政策方案的合法性。教育政策合法性体现了教育政策的权威,它是认同和接受教育政策的依据,也是保证教育政策具备有效性的基础。合法性中的"法"除"法律"之外,也含有一切规范。教育政策合法性就是教育政策价值选择的正当性、有益性和公正性等。

县域基础教育政策具有合法性。主要表现在三个方面:教育政策主体的合法性、程序的合法性和内容的合法性。首先,表现在教育政策主体的合法性。县域基础教育政策的主体包括决策主体——县级政府和教育管理部门,参议主体——教师等利益相关群体及有关专家、学者,参与主体——公众及社会团体。教育决策主体的合法性主要涉及教育决策主体的权限及其配置问题。县级政府部门及教育管理部门在国家及上级教育政策的要求和指引下,结合本县教育实际,对有关县域内教育发展的全局性行动要确定发展目标、行动准则以及采取一系列措施手段,解读并制定教育政策的权利。随着社会主义民主和法制进程不断深入,专家、媒体等咨询者,公众和社会团体等在教育政策制定过程中发挥着越来越重要的作用,成为县域基础教育间接的决策者。这些决策者的权利都是宪法和法律明确规定的,也是民众赋予和时代选择的结果。

第三章 山东省县域义务教育均衡发展的政策实施

从程序上来看,县域基础教育政策具有合法性。政策程序指的是政策获得合法性需要采取的方式、顺序和步骤,也是规范公共政策行为的主要手段。县域基础教育政策是采用法定的方式和步骤来进行制定和实施的,体现了社会发展的要求和人们的利益诉求。也就是说,要想令政策程序具有合法性,就应该执行法定的方式和步骤。若并未制定进行规范和制约的程序,那么所制定的政策便有可能是少数决策人的自主行为,将他们自己的意志置于公众意志的上方,这样会干扰政策内容的合法性。而与政策程序相关的制度,如审查制度、听证制度等为政策程序合法性提供了保障。而县域基础教育政策制定和执行有严谨、科学的程序,从而保障了教育政策的合法性。

从内容上来看,县域基础教育政策同样具有合法性。执行教育政策的过程实际上是对一系列价值进行选择的过程,而合法性又是进行价值选择的前提条件,令大众利益与国家利益形成统一。合法性是教育政策的本体价值,它构成了教育政策的权威基础。换句话说,对于任何教育政策,不论国别、地域、民族,都必须满足合法性。教育政策合法性具体表现为:保证人们对一种社会有效性的期待;能够经受对教育政策规范有效性的检验,也就是得到伦理的证明或辩护。

(四)县域基础教育政策的有效性

县域基础教育政策也跟众多教育政策一样,针对教育困境,以解决教育问题为目的。通过调节教育资源的配置来满足各利益群体的诉求,协调教育效率、效能及公平之间的关系,解决现实问题,是教育政策制定的目的和本然追求。教育政策是否能够有效地解决教育发展中的问题,成为考量一项教育政策是否有存在价值的标尺,同时,教育政策的有效性也是通过教育政策的价值体现出来的。教育政策的有效性是其成就自身地位的基础。

从县域基础教育政策的内容上看教育政策的有效性。根据具体内容的不同,县域基础教育政策主要包括教育管理政策、教育经费政策、教育人员政策和教育质量政策。

教育管理政策是国家为实现教育目的,提高教育机制的运行效率,进而调整原来的教育制度安排,如我国基础教育管理政策就经历了从"地方负责、分级管理"到"地方负责、分级管理、以县为主"的变化,更加突出了县级人民政府和教育管理部门在教育管理中的地位。

教育经费政策是为了确保教育事业的健康发展而制定的关于筹措、分配和使用教育经费的政策。教育经费投入是发展教育事业的经济基础,通过实践研究调整教育经费投入政策,进而优化教育经费的管理,使其产生最大的效益,有力保障教育事业的稳定发展。

教育人员政策指的是为了提高教育人才的储备而制定的教育人员的要求和待遇。通过实施一系列教育人员政策能够更好地调节教师与政府、校长与教师、教师与学生间的关系,有效保障教育人员的合法权利,从而建成一支高素质教师队伍。

在教育政策中,教育质量政策是最基本、最重要的政策。教育质量政策的制定能够起到非常重要的作用,能够规定培养目标、确定培养方向和人才要求,制定培养模式、课程结构和教学内容。

总之,县域教育政策通过分配、协调、再分配等教育功能的实现来体现教育政策的有效性,使教育发展更加兼顾效率与公平。为加强教育政策的有效性,必须增强教育政策的科学性、合理性和合法性,树立教育政策的权威,提高教育政策的执行力度,加强对教育政策的评估和监测,切实发挥其作用。

二、山东省义务教育均衡发展取得的成就

山东省一直以来非常重视发展教育,并优先发展义务教育,在教育经费投入、学校建设、师资配备、课程改革等方面都采取了很多措施,使得山东省义务教育处于全国前列,取得了较大的

成就,具体表现在:

(一)保障适龄儿童的受教育权,实现了入学权利公平

保障儿童的受教育权,是实现义务教育均衡发展的基础,所有儿童,无论其家庭背景、身份、性别等条件,都有接受义务教育的权利。基本上实现了所有适龄儿童接受九年制义务教育,并完成九年学业,巩固了义务教育均衡发展的基础。

(二)建立了义务教育经费保障机制,重点保障农村学生、贫困生的受教育权

"均衡发展,经费先行",国家正在进一步完善义务教育经费保障机制,为推动义务教育均衡发展保驾护航。

(1)明确各级政府提供教育公共服务的职责,将义务教育全面纳入财政保障范围,保证财政性教育经费增长幅度明显高于财政经常性收入增长幅度。

(2)建立规范的义务教育财政转移支付制度,合理划分中央、省、县义务教育财政责任,明晰各级政府投入比例的标准。同时,加大对中西部地区特别是中部地区的财政转移支付力度。

(3)制定义务教育投入最低标准,对低于最低标准的区县,由中央政府和省级政府自上而下予以补贴。目前,中央已经制定了农村义务教育阶段中小学公用经费基准定额,即小学每人300元,初中每人500元,这可以说是农村中小学公用经费的"低保线"。

(4)加强省级统筹,教育经费投入向经济欠发达区县倾斜,不断缩小县域间义务教育发展的差距。

(5)在同一县域内,以学生数为示准,实行义务教育均等化拨款制度,并适当向农村学校和薄弱学校倾斜,缩小城乡、交际义务教育发展差距。目前,山东省的部分发达地区已经开始在城市和农村中小学执行统一的公用经费基准定额。

为确保城乡义务教育学校春季开学后正常运转和"两免一补"政策落实到位,2019年,山东省级财政结合中央资金,向各市、

直管县投入城乡义务教育经费保障机制资金55.29亿元,其中:免杂费及公用经费补助41.93亿元,免费教科书9.96亿元,家庭经济困难寄宿生生活费补助3.4亿元。

(三)义务教育学校办学条件逐步标准化

20世纪90年代末,山东省基本普及九年义务教育,中小学办学条件有了较大改善。21世纪初期,山东省先后进行了薄弱学校改造、中小学危房改造、课桌凳更新、教学仪器更新、211工程、校舍安全等一系列旨在改善办学条件的工程,进一步改善了中小学办学条件。但是我省中小学的办学条件由于缺乏全面、科学的标准,各项改善办学条件的工程都是单项的,从总体上看,中小学的办学条件还不能很好地适应基础教育课程改革和培养现代化的高素质人才的需要。

2008年颁布了《山东省普通中小学基本办学条件标准(试行)》,使办学条件的改善有了全面、系统、科学的依据。

2010年第四次全国教育工作会议召开。《国家中长期教育改革和发展规划纲要(2010—2020年)》颁布,提出了组织实施"义务教育学校标准化建设"。省委书记姜异康在全国教育工作会议上发言提出:要努力做到"四个推进","推进办学条件标准化。结合中小学布局调整,以农村学校和城镇薄弱学校为重点,以中小学校舍安全工程、农村中小学教学仪器设备更新工程、农村中小学两热一暖一改工程及教育信息化工程为基础,进一步加大投入,到2015年全面完成学校标准化建设。"

2010年12月发布《山东省中长期教育改革和发展规划纲要(2011—2020年)》。根据省政府部署,教育厅及省有关部门为落实《山东省中长期教育改革和发展规划纲要(2011—2020年)》,制订了八项教育推进计划,其中之一就是《山东省普通中小学办学条件标准化建设计划(2011—2015年)》。

标准化学校建设是推进义务教育物资均衡的有效载体。就标准化学校建设而言,倘若只是倡导国家政府出台的一系列标准

第三章 山东省县域义务教育均衡发展的政策实施

化办学的宏观政策,或者只是满足低水平的办学条件标准化,则必然导致收效甚微。因此要实现标准化学校建设,需加大对标准化学校建设工作的监督和评估力度、加强课程教学标准化以及推进学校管理标准化。

1. 办学条件标准化

办学条件是学校标准化建设中的重要前提。事实上就办学条件而言,各地区学校设置与规划,如就近入学、学校规模、校园设计等方面政策要求都大相径庭。在实现办学条件标准化的实践过程中,必须科学规划设备建设以及图书馆建设。

设备标准建设包括体育场地器材、教学仪器、乐器、实验室装备等。然而由于受到学校用地面积、经费、教育理念以及重视程度等因素的影响,我国义务教育阶段存在场地器材、实验室存在配备不齐全、使用率较低等问题,同一区域的重点校、实验校、城市学校出现器材富余、经费充足的现象,而农村地区则出现器材不足甚至缺失的现象。

图书标准建设包括藏书数量、质量以及使用效率。学校的图书标准是标准化办学的一个重要组成部分。国家层面做了相关规定,地区层面也相继出台了相应的图书标准。由于学校领导不重视,藏书质量偏低、数量不足,以及图书室设备老化、面积不足等原因,义务教育阶段的学校图书馆有效使用率不高、未能发挥第二课堂的作用。

要使设备建设、图书馆建设均衡发展,学校应高度重视,并建立义务教育设备标准化建设的经费长效保障机制。此外,义务教育办学条件标准化还需从以下几方面调整:一是办学标准制定、执行、管理、监督、评估需落到实处;二是办学条件标准化仍需向乡村、贫困地区倾斜。此外,对于青少年儿童面临的突出问题,如自残行为、暴力行为、抑郁、自闭等,学校还需配备心理教师。

2015 年以来,山东省先后实施了农村中小学课桌凳更新工程、农村中小学"211 工程"、农村中小学图书配备工程、中小学校舍安全工程、全面改薄工程、解决城镇中小学大班额工程等。其中校安工程和全面改薄工程累计投入资金850亿元，新建、改建农村中小学校舍7183万平方米。通过这一系列政策的落实，极大改善了中小学特别是农村中小学的办学条件，为山东省义务教育均衡发展奠定了物质基础。

2. 学校管理标准化

从办学理念、班子建设、运行机制、教育科研、交流合作、办学特色等方面实现学校管理的标准化。学校管理制度力争汇编成册，重视校园文化和班级文化建设，尽可能建设心理辅导室，配齐专职或兼职教师。开展家长辅导和学生辅导，重视通过校园活动培养学生健康心理。

3. 课程教学标准化

课程教学标准化是标准化办学不可或缺的一部分。目前我国义务教育办学标准的范围主要涉及办学条件、校舍、教师、设备、图书室，对课程教学关注较少。有待扩展德育、心理、美育、劳动、社会实践等方面的标准化，实现课程管理标准化。课程管理要严格按照省级颁布的《课程计划》《作息时间表》《课外活动安排表》尽可能开全开足课程，体现师资配备的合理性。其中，学校的《校本课程》不强求文本教材，但需制订校本开发的总体实施方案、收集相应的案例。通过办学条件标准化，学校管理标准化，师资队伍标准化，课程教学标准化内容体系的革新与规范，比较系统地引领和指导标准化学校建设工作。

4. 信息技术装备标准化

义务教育资源配置均衡这一目标的实现，仅靠改善办学条件、调整师资流动以及投入经费是远远不够的，在"互联网＋"赋予教育新内涵的今天，"信息技术以其'高效、便捷、共享'的优势，延伸和拓展了教育的时空，提供了推动教育公平和教育跨越式均衡发展的捷径"。因此,为解决硬件配置不均、优质资源辐射面窄等问题,需要加快贫困地区以及薄弱学校教育信息技术装备建设、提升教师教育技术水平、建立信息技术装备监督与评估机制。

(四)教育信息化建设初具规模

教育信息化是现代教育教学改革的一大趋势。教育信息化能够实现优质教学资源的广泛传播,弥补学校间、区域间、城乡间的教学水平差距。

通过引进、整合、研发、共建等多种形式的信息资源建设,全省已初步建成了具有山东特色的数字教育资源库,在各市、县和学校中形成了相当数量的具有地方特色的数字媒体教育资源。教育信息化的硬件设备已经初步完善,为进一步推进教育信息化奠定了良好的基础。

山东省着眼于全面改善贫困地区义务教育薄弱学校基本办学条件工作涉及领域广、跨度时间长、标准要求高的实际情况,创造性地发挥"互联网+"的助力作用,研发项目信息管理平台,实现了对建设项目的实时、动态监管,有效推动了各项工作的落实。

(五)教师队伍素质稳步提高,教师结构进一步优化

就师资均衡配置而言,倘若只是加强校际间教师流动,或者只是鼓励优秀毕业生到农村学校、城市薄弱学校任教,而不提供成长平台,减小城乡教师工资差距则必然流于形式上的均衡,只会导致农村地区和一般学校优秀教师进不来、留不住,给师资均衡配置带来极大困难。因此,教师资源的均衡配置,关键是消除师资队伍水平的差异,从根本上推进义务教育均衡。在五大教育理念的引领下,消除区域间、城乡间、校际间师资队伍水平的差距的根本措施在于完善义务教育师资保障机制。

2016年山东省全面推行中小学教师"县管校聘"管理改革,建

立健全县管教职工编制、人员经费、岗位设置、交流轮岗、校管岗位聘用、绩效工资分配、考核奖惩的新机制。落实以县为主的农村义务教育学校管理体制,中小学教职工人员经费仍由乡镇承担的,2016年6月底前上调到县级承担。

山东省实施县域义务教育的过程中在教师队伍建设方面主要从以下几点着手:

1. 完善教师引入机制,增加师资储量

完善教师引入机制,关键在于营造一个"愿意来""进得来""留得住"的教育平台。可采取的措施有:

(1)提高福利待遇,吸引优秀师资。

山东省的部分地区仍然面临着优秀教师"不愿来"的困境。据调查显示,自实行"自主择校,双向选择"的政策以来,乡镇以下的贫困农村小学很难补充到师范专业的正规大学生。造成这种现象的主要原因是农村地区生活环境艰苦、交通不便、工资福利低以及教师专业发展机会少。针对这种情况,可以通过提高教师福利待遇,对边远贫困地区教师增加适度的补偿,吸引优秀教师向农村流动;为教师提供教师专业发展机会;大力发展农村经济,缩小城乡差距;重视偏远地区的教育,提高教师的地位;教育资源精准地向贫困地区和人群配置,吸引优秀教师到贫困地区工作。

(2)落实定向优质的培养制度,分配优秀教师加入义务教育。

公费培养教师、特岗教师以及支教教师在一定程度上拓宽了农村地区优质教师资源,但由于培养制度落实不到位,往往会出现公费师范生违约"凤凰不还巢",以及公费培养教师、特岗教师和支教教师由于后续培训不到位造成的,理论与实践分离的现象。山东省地方政府和中小学校在六所公费师范生培养制度实施范围之外,开辟了与地方高校尤其是师范院校之间的定向培养渠道,为本地中小学储备优秀师资。在地方高校与中小学合作的过程中,增强互动。让高校学生走进课堂,形成平等、互动的合作氛围,增强高校学生的实践能力,在课程中开展研究并帮助中小

第三章 山东省县域义务教育均衡发展的政策实施

学教师提高理论素养,提升中小学教师水平。

2. 创新师资管理体系,提高师资利用率

教师是立教之本,提高师资利用率,有利于整合现有资源,实现师资均衡的协调发展。采取的措施有:

(1)构建科学的师资交流制度,提高师资利用率。

师资均衡是义务教育均衡的方向性要求,充分强调民主、公平,它以完善的教育机制和均衡的师资配置保障整个社会的学习活动顺利进行,而目前中国城乡、地区师资配置的不平衡不仅背离了义务教育均衡的要求,也削弱了中国构建学习型社会的基础。在提高认识的基础上必须切实完善师资交流制度,赢得各级教育部门的强大政策支持,解决制约城乡间、校际间师资合理流动的问题,必须争得各个教育单位在教育战略和行动上配合。为鼓励优秀教师到薄弱学校轮岗任教,还应建立相应的鼓励机制,实现教师交流。

(2)搭建师资共享平台,提高师资的利用率。

师资队伍水平参差不齐,已成为义务教育均衡发展的瓶颈问题。进修、自培的形式不能在短期内解决当前师资队伍水平参差不齐的问题。山东省充分利用信息技术搭建师资共享平台,积聚教师资源,实现区域内"师资共享",放大师资的利用率。师资共享平台有以下几种模式:

第一种模式是学科资源共享。指教师以学科为分类标准,组成学科资源共享平台。教师在平台中通过研讨,实现教学资源、经验的共享。第二种模式是教育联盟。指区域内的几所学校联盟,共享教育资源。这种形式的共享平台,能够有效地节约教师的人力资本,实现义务教育师资的优化配置和共享。第三种模式是精准扶贫。区域内的高校尤其是师范院校的专家学者对口支援薄弱学校的一线教师,让薄弱学校教师能在教学中得到及时反馈,不断更新教学观念和教学方式,提升专业发展水平。第四种是线上资源共享。在信息化社会中,互联网已成为教师获取教学资源不可或缺的部分。教师可以突破地域和时空的限制,借助互联网平台实现资源共享。

3. 完善师资培训机制,提高教师队伍水平

教师的专业发展不是一蹴而就的,而是一个螺旋式上升的持续发展过程。因此,完善师资培训机制,使教师能不断获得专业发展机会,是缩小城乡教育差距的重要手段。山东省实施县域义务教育的过程中,在师资培训方面主要采取了以下措施。

(1)加大教师培训力度。

近年来山东省各级政府和教育主管部门对教师专业发展高度关注,投入了大量经费,教师专业发展水平在一定程度上得到了长足发展,但农村学校的教师队伍水平却依旧不容乐观。实践表明,农村教师培训力度不够是农村教师队伍水平低下的重要原因之一。在教师发展过程中缺乏培训指导,会引发专业发展盲目的问题,这与国家实施教师队伍建设的初衷相悖,反映出教师队伍建设尤其是乡村队伍建设实际上未得到执行机构及相关管理者的充分重视。要提高教师队伍的水平,必须要加大乡村教师培训力度,才能为偏远落后地区的农村教师提供优质的培训机会,缩小城乡教师队伍水平。

(2)增强教师培训实效性。

就目前的实际情况来看,由于教师本身具有教龄、级别、地域、学科等差异,使得不同的教师发展需求也有一定的差异,而现阶段教师培训对教师的需求考虑较少,涵盖范围不够全面,且教师培训重形式、轻实效,从而导致教师培训的成效甚微。要提高教师队伍的水平,必须要增强教师培训的针对性和实效性,使教师培训能够真正发挥培训职能。

4. 实行教师流动制度

教师的自由流动是推动教育均衡发展的重要前提。在此条件下,各级政府可以采取教师资源的增量配置以加强农村义务教

育学校师资力量。

(1)制定完善的配套政策。

各级政府和教育行政管理部门在政策设计上要以人为本,有针对性地完善补充,充分听取教师的意见和建议,并切实解决流动教师在生活、工作中遇到的实际问题。同时,加大政策宣传力度和教师教育力度,使教师流动政策的意义与社会价值深入到每一位校长和教师心中。

部分区县能够很好地开展教师流动制度,在这些区县具备了较为完善的配套政策和措施。除了具有较全面的物质激励和精神激励制度外,还实行了比较温和的教师流动政策——诱致性流动政策,具体来说,是采用市场分配机制,把教师引导到城市薄弱学校或农村学校。在该政策引导下,参与流动的教师多为主动提出流动或者对此积极性较高,这样就可以避免流动后存在"怠工"问题,更加优化流动造成的影响,从根本上提高城市薄弱学校或农村学校的教师队伍素质,改善薄弱学校或农村学校的教学质量,有效地减小与优质学校或城市学校间的差距。与此相反,一些配套措施不够完善的区县,在实施教师流动政策时,往往依靠行政的力量,以行政手段强制要求学校教师必须达到一定的流动比例。

学校在实施教师流动的相关政策时,也存在一系列问题,例如,校长并不愿意抽调本校的骨干教师、优秀教师到其他学校,派到其他学校的教师通常是不会影响到本校正常教学的人员,或是刚进入学校的新任教师,或是不服从学校管理的教师。这就造成教师流动制度变成了校长进行管理教师队伍的并不合理的方法。教师在学校管理中成为弱势群体,对校长或学校的管理政策"唯唯诺诺",严重压抑教师的教学积极性和创造力。

(2)有倾斜性的政策执行。

教师间的收入差距是实现义务教育均衡发展亟须解决的问题之一,若不能真正地缩小不同地区教师待遇的差异,那么薄弱学校便难以留下优质的教师资源,因此也难以使教育得到真正的均衡发展。

　　政府要努力提高农村地区教师的工资待遇,尽早实现城乡教师达到同工同酬,甚至是农村教师待遇略高。中央财政部门应加强转移支付力度,要着重提高农村教师的工资待遇。同时,改革和完善农村基础教育投资体制,集中有限的财政经费,向农村学校和薄弱学校倾斜,以稳定这些学校的教师队伍,使其能够安心地留在原有学校继续任教。

　　(3) 合理制定教师的流动年限。

　　教育行政管理部门应当注重解决流动教师在交流过程中出现的岗位聘任、年度考核等问题,适当增加教师弹性流动比例,针对不同学段提供合理的流动年限。合理的教师交流期限是提高教师参与积极性的重要因素。期限过短不能很好地发挥支教教师的作用,期限过长又会降低教师参与流动的积极性。

　　(4) 政策制定需坚持"无补偿不剥夺"的原则。

　　在各地制定义务教育教师流动政策时,政府管理部门应当坚持"无补偿不剥夺"的原则,应当在考虑学校、学生的教育公平权利的同时,兼顾教师群体的公平权利。为实现本地义务教育阶段学校间教师资源的均衡配置,保障不同学校学生都能够享受同等水平的教育质量,地方政府和教育行政管理部门往往会制定强制性的教师流动政策,但在实践中却对流动教师没有或者只有很少的"补偿"。

　　因此,强行"被流动"的教师即使是到了新学校,却未必能否发挥其应有的影响和作用。这是因为,"被流动"的教师是被迫采取行动以服务于行政力量和政府部门的意志。此时,从全社会的福利水平看,如果出现后者那样的结果,那么这种政策实践和教师行为无疑是一种"双输"的博弈。一方面,流动教师并未发挥其推动义务教育均衡发展应有的作用;另一方面,政府实施(没有或补偿很少)强制性流动政策也会对教师个人发展及其家庭带来伤害。

　　为了避免出现社会(包括政府、学校、学生)与流动教师"双输"的局面,政府部门在制定强制性教师流动政策时,应努力完善保障政策实施的其他配套措施,并且应从不同方面对流动教师及其家庭进行补偿,不能因实行流动政策而使教师及其家庭来承担可能造成的损失。只有免除流动教师的后顾之忧,使其能够自工作过程中感受到政府部门对他们的尊重与重视,他们才会心情愉悦地在流入学校安心教学,才会主动发挥自己的教学强项和特点,这样才有助于流动教师的自身发展和教学水平的显著提高。因此,只有在"有剥夺必须有补偿"的前提下,流动教师与社会才能取得"双赢"的效果,也才能够真正发挥教师流动政策对本地义务教育均衡发展的作用。

自 2016 年起,山东省各县(市、区)按照教师交流轮岗有关要求,全面推行义务教育学校教师交流轮岗制度,对符合交流轮岗条件的,由县级教育行政部门有计划地组织交流轮岗。有条件的地方积极探索实施义务教育教师任期制度,明确在一所学校最长任职年限,期满后交流轮岗。

现如今,山东省的很多地方都开始实行教师流动政策,并且已经取得了一些成功经验。如有的地区明确流动教师的人事关系,把教师的管理权限转移到县(区),由县(区)教育行政部门统一聘任,使教师人事关系达到"去单位化",教师的身份也由"单位人"转化为"系统人";还有部分地方进行了经费管理制度改革,学校经费被划分为收支两部分,实现县域内教师达到"同工同酬",不同学校的教师工资水平大致相同,并重视农村教师的工资待遇问题。

(六)素质教育成为新的教育主题,关注学生内涵发展

在教育改革的过程中,逐渐凸显出应试教育的弊端,仅对学生进行知识教育并不能达到新时期社会发展对人才的新要求。因而,山东省提出"素质教育"作为教育工作的主要战略主题,在2010 年出台了《大力推进素质教育的意见》,并召开全省中小学素质教育工作会议,坚持在整体层面上加快中小学素质教育工作,

逐步确立了"政府主导、规范管理、课程核心、评价引领、督导保障"的工作机制,通过不断深化课程改革、规范学校管理、深化考试评价制度改革,加强教育检查和督导,素质教育实施取得了阶段性的成果。

山东省莱州市义务教育课程改革先后经历了新课程理念适应、教与学方式转换、和谐高效课堂研究、校本课程开发四个阶段,当下正迈向落实立德树人根本任务、发展学生核心素养的学校课程建设阶段。莱州市十五年的课改成效显著,尤其是课堂建设、作业改革、综合实践活动课程开发等均走在烟台市前列。然而,不可否认,莱州市有些学校的课程意识不强,站位不高,全局观念、整体思维不够。

第二节 青岛推进均衡发展模式实施"学区制"改革

一、学区制改革模式的研究缘起

(一)各地学区制改革仍面临一些实践问题

2004年,北京市东城区首先开展了"学区化管理"改革,主要是借助突破不同学校间的合作壁垒,合理安排师资、课程、设施等公共资源,促进区域教育均衡发展。自十八届三中全会后,我国不少地区都开始进行学区制改革,尽管有所成果,但是在具体实践中也存在着一些难以解决的问题,主要有:

(1)学区内校际资源共享力度不够,个别地区资源共享流于形式,优质资源参与共享的覆盖面和辐射带动价值不足。

(2)学区制改革的配套管理体制尚未健全,面临着学区资源配置与管理权力不足、区县与学区间权利关系不明等问题。

(3)学区制改革中多个参与主体间存在利益博弈问题,尤其是在优质校与薄弱校、优质学区与薄弱学区间,同时校长、教师等利益相关者参与学区制改革的动力也不足。

(4)各地学区制改革仍处于推进硬件资源共享的初级阶段,在建构学区共同办学理念和文化愿景方面的力度不够,面临着学校发展同质化、整体凝聚力不强等问题。

以上这些问题从不同程度上阻碍了学区制改革的制度建设,也直接影响了各地开展区域教育均衡发展的实际成果,不利于提升整个区域的教育质量,也不利于实现社会公平。为了更好地解决以上问题,有力推动不同地区的学区制改革,必须加强研究学区制的相关理论和实践。

(二)学区制理论研究的框架体系尚未建立

实行学区制是促进区域义务教育均衡发展的重要途径之一,其主要工作思路是,由优质学校来带动薄弱学校进而推动学区内优质教育资源的整合、共享,使优质教育资源发挥更大的价值,各学校得以共同发展。为了进一步推动学区制的有效开展,更好地实现改革目标,离不开在学区制领域进行更深的理论探索,建立起指导学区制有效实施的理论框架体系。

(三)以学区一体化促进均衡发展的机制选择

目前,大部分地区的学区制改革还属于探索阶段,并没能有效地实施均衡发展,究其原因,主要在于不能抓住开展学区制改革的核心机制,还未确定影响教育均衡发展的主要因素,没能建立对学区制有效运行的配套制度改革。

构建学区一体化方式促进均衡发展将成为未来学区制有效运行的机制选择。进行学区制改革应重视学区共同文化愿景、使命与价值观、强弱校优质教育资源共享、学区组织管理体制变革等核心要素,学区共同体将着重突出对学区办学理念、学校校园文化、学校管理机构整合等要素建设。

为了更好地促进区域义务教育的均衡发展,主要是通过扩大优质教育资源的辐射引领范围,合理调整校际资源配置,来有效增大优质教育资源总量。我国各地大都通过采取多种措施(包括名校办分校、一对一联盟、集团化办学、学区化管理等)来显著缩小各校间的发展差距,有效扩大优质教育资源覆盖面。

二、学区制改革模式的概念分析

(一)学区制

先来分析学区的含义。学区具有多重含义,最开始的含义是学校校区,也就是单一办学实体的招生划片范围,规定了学生免试就近入学的区域。目前多指的是学校集团化学区,是某一区域内地理位置距离较近的一些学校组成的学区,是大学区的范畴,也就是学校发展联盟。本书的学区是根据区域空间理论提出的,是将本级行政区中的全部义务教育学校作为对象,全面分析这些义务教育学校具有的空间上的地理分布和校际间的资源组合的结构特征,以优质教育资源结构分布均衡化为主导,把不同发展水平、不同结构特征、地理位置相近的学校组成一个学区。

学区制改革中的学区,实际上就是从一所学校形成的单一学区转变为多所学校组合而成的集团化学区,从而使教学资源实现由一所学校的单一资源转变为多所学校的集团资源,学区组织结构演变见图3-1。成立集团化学区能够有效促进区域内学校办学理念整合、优质资源共享、管理方式变革,实现优质教育资源的一体化配置,提高学区的创新能力和自主发展功能。

由图3-1不难看出,所谓的学区制,实际上指的是根据不同学校自身的资源特色和教学优势,把原本各自独立的学校加以合理分配,实现共同体内的资源共享,有效打破传统校际合作壁垒,合理分配区域内优质教育资源,缩小不同学校间的发展差距。

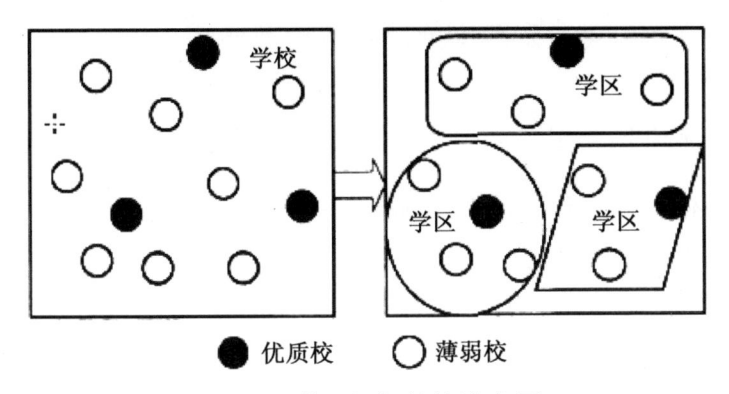

图 3-1 学区组织结构演变图

学区制在西方国家是一种较为普遍的区域教育管理制度,其主要特色就是,不隶属于其他行政部门而单独设立教育行政机构,独立对学区内的学校进行管理和资源分配。

(二)教育均衡发展

教育均衡发展这一概念,是基于教育资源配置的层面提出的,其目的是合理配置当前的优质教育资源。当下,我国教育资源的配置方面存在着较为显著的不均衡问题,包括区域间、城乡间、学校间、群体间优质教育资源配置不均衡。

教育均衡发展应依法保障所有公民平等的受教育权利,更多地关注弱势群体和弱势学校的教育资源问题,采取资源调配、政策倾斜等措施来保障供体受到平等的教育。

三、学区制与其他改革模式的比较优势

最近几年来,已有部分政府采取了一系列改革模式来推动区域义务教育均衡发展,比如集团化办学、名校办分校、委托管理等改革模式,将学区制改革模式与它们进行比较,有助于推动学区制理论与实践研究。

(一)区域义务教育均衡发展的改革模式

1. 集团化办学模式

集团化办学模式是将区域内的一所优质资源学校作为中心,同区域内的其他普通学校联合起来共同构成教育集团,并确定教育集团的发展目标,对教育集团内学校的资源进行合理配置,从而推动教育资源的共享和校际均衡发展。

集团化办学模式具有如下特征。

第一,集团中学校构成形式的特殊性,具体表现在以下方面:①由名校与弱校组成,集团化学校通常由一所名校与若干所薄弱校联合组成,主要以一对多的组织形式为主;②根据集团内学校的组织关系不同,可把教育集团的运行模式分为三种,分别是实体式教育集团、联盟式教育集团和品牌式教育集团。

第二,名校集团化中资源扩展的品牌效应。

2. 名校办分校模式

名校办分校模式是将一所名校作为中心,并在多个区域设立名校的分校,各分校由名校进行管理与指导,从而使优质教育资源的覆盖面扩大。

该模式主要有以下形式:一种是政府主导的名校办分校模式,另一种是学校主导的名校办分校模式;其建设方式为,一种是名校新建分校的形式,另一种是名校合并薄弱校的方式。

3. 委托管理模式

委托管理模式是由政府出面委托优质中小学校管理薄弱校的方式,也是为发挥优质校资源对薄弱校的带动发展效益。政府通过签署协议的方式对受委托方进行管理,设定明确的发展目标与责任,也配套建立了第三方绩效评估的机制,以此保证委托管理取得实际效果。

(二)学区制与其他改革模式的比较优势

1. 学区制与名校集团化模式比较的优势

与名校集团化模式相比,学区制改革具有如下几点优势:

(1)办学理念的优势。

更加重视学区办学理念的整合,依靠学校的办学名气和品牌来推动学区硬件、师资、生源等资源的一体化共享,从根源来推动各学校的发展问题。

(2)学校组成形式的优势。

在学区制模式下,并不全部将名校作为核心,也通过相对优质的学校和相对薄弱的学校实现资源互动、整合与共享,从而推动区域教育的均衡发展。而在名校集团化模式下,均采用名校和弱校组合的方式,其能涵盖的学校比较有限。其他没有加入名校集团化的学校,在今后的教育发展中不可避免地会遭受来自名校集团的干扰,例如,生源录取、资源配置及经费投入等方面。

(3)学校管理模式的优势。

在名校集团化模式下,对学校采用的管理模式仍是过去的"区县—学校"式直接管理,而在学区制模式下,对学校采取了全新的管理模式,开展一体化管理,建立政府学校间扁平化管理模式。同时,学区制将对学区内部的学校管理机构与人员进行变革,整合管理机构,减少管理人员,推进专业化服务管理体系建设。

2. 学区制与名校办分校模式比较的优势

与名校办分校模式相比,学区制改革具有如下几点优势:

(1)学校管理体制的优势。

在名校办分校模式下,不同的学校具有同一个领导班子,由名校统一分配各学校的人、财、物等资源,统一制定各学校的发展规划和课程设置等内容,虽然能够在一定程度上扩大优质资源的覆盖面,但是也会出现各所学校在教育等方面雷同的情况,各学校缺少特有的发展理念。与其不同的是,在学区制模式下,会尊重每所学校的历史文化传统和教学特色,不会直接采用名校的教学、管理和师资等模式,而是在与其他学校优势资源互补中实现一体化发展,凸显学校办学理念的融合共享。

(2)资源多维互动的优势。

在学区制模式下,不同学校间进行校际资源互动的过程中,并不是完全将名校作为中心,而是将每所学校的优质教育资源作为中心,通过多维互动可以更好地发挥资源整合的价值,实现更大程度上的资源辐射与共享。而在名校办分校模式下,仅是单方面地由名校来输出教育资源,其他薄弱学校则不能充分参与资源互动过程,不能很好地推动学校办学发展。

3. 学区制与委托管理模式比较的优势

与委托管理模式相比,学区制改革具有如下几点优势:
(1)学校覆盖面的优势。

在学区制模式下,其涵盖的学校更多,学区制模式的整体设计表明,学区制改革覆盖了该实施区域内的所有学校。根据学区制推动教育均衡发展的效果不难发现,学区制改革模式可以显著提升各学校的办学积极性,引进更多优质教育资源,从而实现更大范围的教育均衡发展。而委托管理模式是促进均衡发展的一项配套措施,其对参与学校的覆盖面较小,多数为薄弱学校,同时受委托方的资质限制及第三方监督条件,委托管理仅在相对较小的范围内推动。

(2)校际资源互动的优势。

学区制模式中的校际资源互动是立体、多维的,每一个学校都可以作为资源的供给者或接受者,而委托管理仅是以薄弱校为中心。同时,学区制中的校际资源互动是不固定学校的,而委托管理的资源互动是在固定的两所机构中开展。

总结来看,学区制模式与其他几种模式相比,其独特优势在于,学区制模式将更加凸显校际网络互动、优势互补、共同发展的资源共享理念,实现从单向支援到多维共建、共赢的目标转变,其组织运行的模式变革演示见图 3-2。

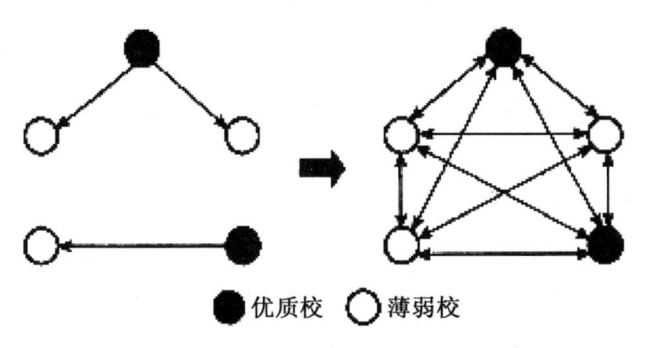

图 3-2 学区一体化管理的校际网络互动

学区制作为众多促进区域义务教育均衡发展的路径之一,虽有着独特的作用与价值,也有其自身的局限性,在改革过程中会面临一些具体的实践问题。

四、影响学区制改革成效的制约要素

(一)学校组合的异质性要素

学区制促进教育均衡发展的核心机制,是构建优质校与薄弱校资源互动的发展共同体,所以影响学区制改革成效的首要因素是学校组织的异质性特征,也就是是否可以建立学校强弱搭配的学区。

进行学区组合时,应严格按照强弱学校搭配的原则,从而保证学区内达到优质校与普通校合理组合的局面,尽量确保一个学区中至少有一所同类型优质校。以青岛市的学区制改革为例,广泛采用优质校和薄弱校组合的形式,强调优质资源的辐射带动价值,其学区组建是由教育局指定一所优质校为学区长学校,联合 3~5 所同层次的相对薄弱学校,组成一个大学区。

学区组合的异质性要素，必须要合理选择优质校，一般情况下会选择区域内的热点学校作为优质校，需要着重考察学校的优质资源，应具有办学理念、师资、课程等软件资源的优势，也要具有场地、设施设备等硬件资源的优势。应避免学区内不存在优质校的情况，若建成一个学区后，在某一区域聚集了优质校或薄弱校，则不能进行优质校和薄弱校的组合，不能推动校际资源的充分共享。

与其他促进均衡发展的办学模式相比，学区制的优势在于其区域空间的临近性，学校在区位上具有一定优势能够有效推动不同学校间教育资源的多维共享，主要体现在硬件资源、教师流动及学生跨校上课等方面。学区是由同一行政区域内地理位置接近、发展水平和资源特征不同的几所学校组成的。在实施学区制模式的过程中，不仅要考察学校的资源优势、强弱水平，还应该考察区域空间方面的内容，考虑学校区域的临近性特征，有助于提高资源共享、沟通互动的便利性，特别是在学区内硬件设施资源共享上，一定要确保不同学校之间在合适的距离内，否则硬件设施资源的共享就失去吸引力。需要注意的是，不同学区具有不同的地域空间，同样具备不同的空间要素特征。具体包括区域内的教育对象、地理环境、历史和人文环境等要素，也会影响学区的办学理念整合、优质资源配置、管理模式变革等。

(二)优质资源的互动性要素

目前，不同地区的学区制改革普遍存在资源整合与共享力度欠缺的问题，其主要制约要素是优质资源的互动性程度。推动不同学校间的资源共享，不能理解为某一种教育资源在不同学校间的简单传输，而是使教育资源在不同学校间进行深层次的互动和融合，进而达到优势互补、共同提升的目的。因此，衡量某地学区制改革成果的重要因素是不同学校间优质教育资源的互动效果。

要想推动优质教育资源的有效互动，应在学区制改革过程中，全面分析不同学校的办学理念、资源优势和发展不足等方面，

第三章　山东省县域义务教育均衡发展的政策实施

从学区整体资源优化配置的角度合理搭配,确保学区内学校组合能够达到一种特色搭配、优势互补的组织状态。

学区制改革中资源供给为改革的重点,对学区内的全部学校的教育资源进行整合与共享,不能仅注重个别优质教育资源的互动,这是因为仅借助个别资源不能带动学区总体的优质资源覆盖面。这也要受制于学区内校际优质资源的分配情况,学校发展水平相当或者均比较薄弱的学区,将难以发挥优质校增长极的扩散价值,只能进行单项优质资源的校际互补。

（三）学区管理的整合性要素

学区管理的整合性要素,对学区制改革成效的影响体现在四个方面：

（1）为有效解决教育管理权力过于集中于政府部门的弊端,落实简政放权、依法行政,保障学区更好地发挥优化教育资源配置的功能。

（2）构建政府与学区的扁平化管理模式,解决政府部门直接管理学校精力不足的问题,调动各级管理组织的办学积极性。

（3）增强学区层面的管理权力,赋予其更多调动学校资源的权力,明确学区运行的责权利关系,有助于对学区教育均衡发展进行统筹规划,对各学校资源进行有序配置,发挥资源整合的最大效益。

（四）办学理念的凝聚性要素

增强学区办学理念的凝聚性,其主要目的是：

（1）为构建学区共同发展的组织愿景,提高各学校参与学区建设的积极性,凝聚各方面力量,促进整个学区教育质量的提升并缩小校际发展差距。

（2）基于优质校与薄弱校的核心差距不是硬件设施而是软性教育资源的现状,推进学区办学理念整合,改进薄弱校的办学理念、管理水平和组织文化,引导薄弱校进行学校发展内涵建设和制度创新,提高薄弱校发展水平。

要想搞好学区办学理念的凝聚性建设,应从以下两方面着手。

(1)在学区层面,应分析整合各校的组织文化和办学理念,从而确定该学区共同的办学理念和发展愿景,使各校能够进一步调整、优化其原来的组织文化和办学理念,更好地同其他学校融合在一起,通过共同建设,来实现学区总体发展愿景,并提高学校办学质量。

(2)处理好共性与个性的关系,学区层面的共同文化、发展愿景与各学校都是有机统一的,在与学区文化融合的过程中,各校应保留下本校原有的特色与优良传统。这是因为进行学区制的重要目标就是推动学校多样化办学改革,使更多学生能够接受更加优质、多样化的教育资源,进而满足目前学生日趋多样化的教育需求。

五、青岛首创推进均衡发展模式实施"学区制"改革

近年来,青岛市大胆创新,坚持市级统筹,积极探索义务教育集团化办学、建立教育联盟、名校办分校等"学区制"办学模式改革,义务教育均衡发展成效显著。

(一)推行现代学校制度,为学区制奠定良好的治理基础[①]

2012年,青岛市北区在全市率先推开学校管理创新,力求通过现代学校制度建设,首先转变政府的行政观念和思路,简化行政部门内部的职能和办事流程,其次要建立与放权简政后相适应的监督和服务体系与制度,再次要帮助学校构建全新的内部治理结构,多元参与开放办学,依法依章依规地发展教育事业,最终形成适应时代与规律的现代管理体系。

---

① 张媛媛. 教育治理视阈下学区制改革的实践探索——以青岛市市北区学区制改革为例[D]. 曲阜:曲阜师范大学教育学院,2017.

第三章 山东省县域义务教育均衡发展的政策实施

1. 借助行政力量为体制改革争取宽松的环境

政府层面进行顶层设计,进一步捋顺政校关系,完善以校长负责制为主体的现代学校制度框架。出台了《青岛市市北区人民政府办公室关于推进依法治校建设现代学校制度的意见》,成为推动现代学校制度建设的保障机制。

2. 通过章程引领建立完善的自主办学制度体系

学校有章程并按章程办学,是建立现代学校制度的基本要求。在学校章程修订的过程中,采取多种措施,确保了章程的合法性、规范性和有效性,包括开展培训、提供样本、规范程序、与学校文化建设紧密结合等。各学校还依据章程对一般规章制度进行了调整,这样可以做到前后贯通、配套完整,让学校的各项工作都有据可依,避免了人治的随意性。例如,青岛第二实验初级中学的章程修订就非常有代表性。

3. 依托民主组织的建立强化民主管理

在项目试点过程中,以民主开放作为改革的价值追求,紧紧围绕校内治理结构的完善,校内校外关系的调整,通过组建各级各类专门委员会,推动学校管理的深层变革。

4. 通过开放的督导评估模式创新教育评价

进一步健全教育督导制度,推进教育督导改革创新,是该区现代学校制度建设的重要内容。该区重点建设督学队伍和督学责任区,合理调整工作责任区,明确责任区督学的各项工作任务和工作要求。

5. 学校文化建设与现代学校制度建设相得益彰

以文化建设统摄现代学校制度的方向,引领各中小学追求文化管理的高境界。将学校文化建设作为一项系统工程,以行政引领的方式统筹规划,整体推进。区教育局先后制发了《市北区中小学学校文化建设指导意见》《市北区关于进一步推进特色学校建设工作的实施意见》,明确了特色学校与学校文化之间的关系,即特色学校本质上是指学校文化的差异,是学校文化的个性化表现,并结合各中小学实际情况梳理了文化建设的一般路径。

(二)着手学区制整体推进,破解教育均衡难题

在初步完成现代学校制度建设的基础上,市北教育为积极应对基数大、差异大、定位高、期望多的局面,破解促进教育的均衡发展、办好人民满意的教育的突出民生问题,趁势连推了学区制改革。

1. 科学进行布局调整,均衡配置区域内的优质教育资源

市北区正视区域内资源的分布不均现状,聘请专业的第三方制定了到2020年的教育资源布局规划,并以此为依据协调相关部门,统筹全区学校的撤、并、建、扩大框架。通过优化布局调整,减少一体化发展中的布局隐患,为适时推进学区制管理打下良好的基础。

2. 充分发挥优质资源的社会影响力,基本建立新型的学区管理模式

市北区的学区管理从教育发展联盟起家,按照小学升初中的八大服务区片自然结盟,特色是将片内的幼儿园纳入其中,成立8个教育联盟,目的是以出口倒逼入口,从初中的学生发展入手去倒推学生在小学、幼儿园应该怎样分层进行培养,从而得出一个孩子的12年成长规律和教育措施。联盟管理的初期,由区教育局指定一所优质学校校长担任联盟主任,以联盟联席会议的组织形式实施统一管理,联盟内成员合作共建、协调发展。联盟内部成员的基本性质不变,但增加了新的身份,在做好本校发展的同时要考虑到整个联盟的发展前景。

3. 进一步优化学区管理模式,基本实现"学区"自治

市北区学区管理的第二个阶段就学区机制建设和评价等方面提出更加明确的要求,进一步将权力下放到学区,并正式进入学区制改革。一是要求各学区建立自己的章程,依据章程进行组织管理。二是实行学区项目申报制。各学区开展工作,按照"学校申报项目—学区确定—项目牵头单位组织",负责组织制订具体计划、操作实施,开展研究活动等,总体负责协调组织学区内此项工作的实施。对于木学区要重点开展的项目可以在项目牵头学校的基础上,吸纳几所项目成员单位,组建项目团队。三是确立学区发展牵头人。学区并非一个真正意义上的管理层级,一方面靠共同的愿景支撑,一方面靠学区章程的约束,另一方面也要借助必要的行政力量。四是探索学区捆绑评价。为推进学区的整体发展,尝试"捆绑"考核制度,在评价时既关注各学校绩效考核的成绩,也衡量学区发展的整体水平和特色,强调学区内学校对学区发展的贡献度。五是尝试建立学区理事会。在原有联席会议成员的基础上,调整人员结构和职能分配。依据学区工作章程,重点在社会资源供给上,特别是购买第三方服务方面发挥重要作用。

第三节 枣庄市县域义务教育发展的实地调研

枣庄位于山东省南部,东接临沂、南邻徐州、西连济宁、濒临微山湖。全市下辖5个区,1个县级市,总面积4563平方千米。截至2019年末,枣庄市公安户籍总人口424.15万人,其中男性222万人,女性202.15万人。城镇常住人口达到232.83万人,城镇化率59.2%,比上年提高0.32%。全市生产总值(GDP)达2402.38亿元,枣庄市位列全省第15位。枣庄市人均生产总值

61226元,同年山东省的人均生产总值70653元,由于枣庄市生产总值排名靠后,人均生产总值低于全省平均水平。①

枣庄市是一座因煤而兴起的城市,1961年枣庄市被确定为山东省第四个地级市。1988年,滕县改为滕州市(县级市)。从此以后,枣庄市下辖市中区、薛城区、台儿庄区、峄城区、山亭区、滕州市共5区1市。2009年枣庄市被国务院确定为第二批资源枯竭城市,由于主导资源濒临枯竭、产业结构亟须调整,枣庄的经济发展面临着转型。2006年7月,枣庄市行政中心迁移至新城(属薛城区管辖)。根据《枣庄市城市总体规划(2011—2020年)》的设计方案,要整合薛城区、市中区、峄城区,形成中心城区。以区域辐射为中心,形成中心城区聚集发展。

目前枣庄市现有各级各类学校共635所,基础教育在校学生共65.13万人。其中普通小学500所、在校人数36.8万人;普通初中105所、在校学生13.9万人;普通高中25所、在校学生5.06万人;特殊教育学校5所、在校学生501人。学前教育阶段的各级各类注册幼儿园730所、学前幼儿达到9.37万人。现有在编教职工总数4.21万人。②

枣庄市在山东省内属于经济欠发达地区,由于历史原因和经济发展水平的限制,枣庄市各地区义务教育不均衡发展的现象仍然存在。为了了解实际情况,笔者在2019年10月—2020年4月对部分学校进行了实地调研,并通过个别访谈、发放问卷调查表的方式向部分学校的领导、老师、家长、教育主管部门的相关负责人了解情况。

一、目前枣庄市义务教育均衡发展中存在的问题

(一)义务教育经费投入不足

地方经济的发展和财政政策对义务教育的支持程度,直接影

---

① 枣庄市统计局.枣庄统计年鉴(2019)[M].中国统计出版社,2019:3-5.
② 枣庄市统计局.枣庄统计年鉴(2019)[M].中国统计出版社,2019:25-30.

响到教育资源的投入。教育资源投入的差异也会影响到教育质量水平的高低。枣庄市经济社会发展相对缓慢,全市国民生产总值在全省排名靠后。财政的收入主要是保基本运转、保公职人员的工资、各项经费缺口较大,教育经费投入不足。2019年,全市教育经费投入完成59.43亿元(其中财政教育支出50.97亿元)比上年增加2.73%。枣庄市公共财政教育支出占公共财政预算支出的24.72%。公共财政教育支出主要包括教育事业费、基建经费、教育费附加三大项目,由于地方财力有限,教育费附加征收的总额低,在自然年度中还有实际拨付不到位的情况。例如,2019年,在枣庄市市中区,地方教育附加征收395.2万元,实际拨付教育415.6万元,上年应拨未拨付额56万元,拨付率为89%。[①] 由于历史欠账多,地方经济发展的相对落后。有限的地方财力往往在教育方面的投入不足,穷地方办大教育,往往会导致顾此失彼的现象,也会造成义务教育的不平衡发展。

(二)学校布局和办学条件亟待改善

学校的布局和城市的规划密切联系,学校办学的基础条件又和地方经济的发展息息相关。结合枣庄城市发展历史,在20世纪90年代,枣庄市依据城市发展均衡的原则进行了中小学建设的布局,现在已经过去近30年了,现有中小学的布局和学区划分制度与人民不断提高的教育需求还有很大的差距。通过整理枣庄市中小学的分布状况,从中了解中小学校布局的不足。

1. 学校空间布局零散

学校布局始终围绕城市建成区建设,城区的分裂空间格局引导了学校布局上的零散分布。枣庄市的各区之间的空间距离较远,城区之间以农田、林地作为生态隔离带。随着城市的扩展,新建小区拔地而起,同时适龄儿童入学问题凸显。现有学校的服务

---

① 数据来源:枣庄市教育网局官网。

辐射在有限的范围,从而导致城区学生入学难的现象。

2. 各学校之间用地空间差异明显

学校的教育用地包括建筑用地、活动场地、绿化用地等。伴随着城市的扩大,学校生源的增加。学校由于办学时间长,受城市布局的影响无法进行扩建,从而导致学校教育设施用地已经出现供不应求的现象。这种现象直接导致人均占有学校占地面积偏低。在这类学校可能会出现:学校的教室面积偏小、学校绿化用地面积少、学校活动用地面积偏少、甚至出现有些学校没有供学生活动的操场。这样的校园环境状况不利于学生身心健康成长。

在城区学校教育用地面积最低,但生源数量最多。同时,乡镇学校教育用地面积比例较高,但生源数量小。有些生均占地面积已经超过了相关规划部门制定标准,但学校内的建筑规模和配套实施仅能达到满足学生使用要求的程度。也就是说,在乡镇学校,虽然生均占地面积大,但是在校内教室的配套设施、操场和各种运动器材的配备方面还存在不足。

(三)城区学校大班额现象严重,农村学校生源数量减少

近年来,随着城镇化进程的加快、大量人口入住城区。原有学校的规划是根据以前城区人口的规模来设计的,现有学校规模远远跟不上城市化的进程。许多新建的居民住宅小区,有些未将学校纳入规划范围之内,有些地方虽然已经纳入了建设规划,却由于资金不到位,学校的规模和数量基本上还处于原来的状态。所以导致城区中小学大班额现象比较突出。在农村地区,由于城市化的进程,进城务工人员增加,子女随着父母在城区学校就读人数增加。导致农村义务教育阶段生源减少,有些学校出现空置的情况,在农村中小学亟需教育资源的重新整合。2019年,笔者利用假期时间,对枣庄市城区的部分学校进行调研,对学校大班额现象进行了统计。

第三章　山东省县域义务教育均衡发展的政策实施

从全市学校的统计结果来看:城区某些学校办学规模较大,且生源集中。在枣庄市城区的学校普遍规模偏大,有些中学平均每个年级的班级数在36～41个班级,有些人数最大的班已达到60人以上。有些学校在市区内共有东西南北四个分校,学校在校生达1500～3000人的学校最多,占城区学校的52%。这类学校大都建校历史悠久、学校综合实力较强且集中在城区的繁华地段。在全市中小学城区的大班额现象还是比较严重,这给学校的教学和管理都增加了一定难度。

城区学校集中了优质的教育资源呈现出一枝独秀的景象。同时在乡镇学校和非重点学校,由于各种原因办学的规模较小、生源数量少。这种现象导致了教育的不均衡发展。

(四)城乡教师队伍不平衡

由于长期的城乡二元结构,城市和农村在教育方面的投入差距较大。没有好的硬件条件,没有好的收入待遇,乡镇的学校也很难留住优秀的师资队伍。城乡教师队伍的不平衡主要表现在:

1.师资数量配备的不均衡

经过几十年的义务教育发展,全市义务教育师资基本上能够得到满足。城区的中小学师资基本处于饱和状态,农村中小学师资数量基本符合要求。从师资的分布情况来看,校际之间的不平衡还依然存在,主要体现在:城区中小学教师的超编现象和农村中小学教师的缺编现象共存;部分学科任课教师严重短缺。在实地调研中发现,教师超编的学校大多位于城区或城郊,在一些农村的薄弱学校却严重缺编。缺编的学校为了保证正常的教学运转,只能聘请大量的临时代课老师。有些市区临时代课老师的比例达到10%,对于临时代课老师的教学要求低、待遇较低,由于某些制度对临时代课老师缺乏制度上的约束力,所以在一定程度上影响学校的教学质量。

2. 学历和平均年龄方面的差异

在调查过程中发现,农村教师学历整体偏低。在城市小学具有本科学历的教师占 65％,在农村小学有本科学历的教师仅占 47％;在城市中学本科以上学历教师占 78％,城市中学教师研究生比例占 23％,农村中学教师研究生学历教师仅占 6.4％。城乡教师学历水平的差距是城乡师资水平差距的表现,这在一定程度上影响教师专业技能和教学水平。城乡师资学历上的差距也会影响到城乡教育公平。在调研枣庄市市中区师资队伍年龄结构时发现,农村中学中 30 岁以下占 11.2％、31—40 岁的占 43.6％、41—50 岁的占 37.3％、50 岁以上的占 23％;相应年龄段的城市中学教师所占比例分别是 25％、35％、29％、11.2％。在农村中小学中 50 岁以上的教师所占比例普遍高于城市中小学教师所占比例。由于这部分教师年龄偏大,接受新事物的能力变弱,学习和运用现代教育技术、现代教育理念的条件受到限制。这部分教师退休以后,新教师不能及时补充,就不利于教师队伍的合理配置。中小学师资队伍在学历和年龄上的差距,会直接影响到城乡学校的均衡发展。

3. 高级职称教师和骨干教师的数量存在差距

对于学校师资实力的体现主要有:教师高级职称所占的比例和骨干教师的数量。在城市中小学和农村中小学中高级职称的比例也存在明显的差异。中高级职称所占的比例是衡量优质教师资源的重要制度。在枣庄市薛城区调研中发现,农村小学中具有小学高级职称的教师占 18.5％,而这一比例在城市小学占到 60.29％。在农村中学学校中,初级职称占 51％、中级职称占 32％、高级职称占 17％;这一比例在城市中学分别是 37％、40％、23％。总之,农村中小学教师职称水平偏低,在一定程度上影响教育质量,这也导致农村中小学教学水平与城市中小学之间的差距。

第三章 山东省县域义务教育均衡发展的政策实施

二、推进枣庄市义务教育均衡发展的路径探索

按照《山东省普通中小学办学条件标准》等文件要求,统一城乡义务教育学校建设标准,统一县域内教师编制标准。根据以上文件的目标要求,枣庄市政府印发了《枣庄市人民政府办公室关于推进县域义务教育均衡发展的实施意见》(枣政办发〔2014〕14号),在全市基本实现县域义务教育均衡发展的目标,县域内义务教育学校在办学条件标准、硬件条件、师资水平等方面基本均衡。1978—2000年是枣庄基础教育事业的快速发展阶段,枣庄市大部分中小学是在这一时期开始建设的。伴随着时代的发展,枣庄市义务教育均衡发展还需进一步努力。可做如下工作。

(一)加大财政金融投入力度

要保障财政投入,落实经费投入主体责任,保障教育投入资金需求。争取各项资金改善办学条件,支持多种筹款方式。协调银行等金融机构,增加大额长期信贷资金和政策性贷款规模,社会力量办学可以另外申请贷款贴息。鼓励商业银行为解决大班额问题提供金融服务,探索灵活融资方式。

1. 加强县域义务教育均衡发展

2016年,包括台儿庄区已有4个区(市)通过义务教育发展基本均衡县国家认定,薛城区、山亭区通过了省级预查,义务教育发展更加均衡。主要体现在:①扎实推进"全面改薄"工程建设。完成投资3.7亿元,校舍类建设开工25.8万平方米、运动场开工24.7万平方米、购置内完成投资5300万元,薄弱学校基本办学条件得到很大改善。②继续实施农村义务教育校舍标准化建设。完成投资7.56亿元,开工新建、重建校舍57万平方米,开工建设食堂52个,全市中小学校舍楼房率达92%。③全市教育技术装备标准化建设基本完成。年内共投入1806万元,新建中小学实

验室193个,心理咨询室207个,综合实践室231个,年内创建复评实验室及实验教学管理规范化学校83所。④较强校园信息化建设。全市建立了信息中心,接入了枣庄教育城域网,全部学校实现网络接入。完成了市级教育信息中心升级改造工程。创建第四批信息化校园示范规范化学校73所,第七批实验室及实验教学管理规范化学校26所。

2. 经费保障水平不断提高

在《国家中长期教育改革和发展规划纲要(2010—2020年)》文件中,义务教育全面纳入财政保障范围,实行国务院和地方各级人民政府根据职责共同负担,省、自治区、直辖市人民政府负责统筹落实的投入体制。大部分地区的财政投入比例根据经济发展的情况来确定比例。应按照事权与财权统一原则,确定投资分担比例。在调研中发现枣庄市教育投入基本按照省级支出50%,市级支出20%,县级支出20%,乡镇支出10%的比例执行。

2019年,枣庄市共拨付各项教育资金7.02亿元。其中呈现义务教育经费3.7亿元,农村中小学校舍维修改造资金4399万元、农村义务教育"全面改薄"及化解"大班额"专项资金2.5亿元、学前教育发展专项2826万元、现代职业教育专项资金590万元。2019年,枣庄市出台了完善城乡义务教育保障机制的实施方案。统一城乡义务教育学校生均公共经费标准,达到初中910元/年、小学710元/年、普通高中900元/年、特教学校6000元/年、按照2800~4500元/年标准对公办中等职业学校全日制有正式学籍在校不同专业学生核拨公用经费。

3. 保障特殊人群儿童正常入学

设立了定点学校,畅通进城务工落户人员随迁子女入学通道;市中区及台儿庄区、山亭区新建、改扩建特殊教育学校,扩大招生规模,在全市范围实现随班就读、送教上门,提高残疾儿童少年入学率。

4. 教育扶贫工作取得积极成效

2019年,枣庄市实施教育精准扶贫工程,推进贫困村校(园)建设,完成投资1.95亿元,建设校(园)舍18万平方米。拨付资助资金5700余万元,办理生源地助学贷款7259万元,资助各类学生5万人次。

(二)合理设计学校规划布局,提高办学条件

随着枣庄市城市发展的需要,城区的优质教学资源的不足凸显。根据实际发展需要,枣庄市制定了《2019—2030年中小学及幼儿园布局规划》,这份规划是一份中长期规划,根据规划设计,能够逐步缓解城区学校"入学难"问题。第一批共投资11亿元,共规划设计10所学校,其中有6所为新建学校(包括枣庄市第二实验学校、薛城区凤鸣中学等),4所为改扩建学校(包括枣庄市盈园中学、兴城中心小学)。共增加18500个学位,其中初中9500个、小学8000个、幼儿园1000个。后续根据城市规划建设的需要,陆续开工建设其他学校,逐步满足人民群众日益增长的教育需求。

2009年以来,枣庄市实施了《中小学校舍安全工程》项目。首先对全市的中小学进行拉网式排查,并完成全市843所中小学、389万平方米的学校校舍安全排查摸底工作。根据排查鉴定结果和学校发展的需要,按照"安全、实用、够用"的原则,对存在重大隐患校舍进行拆除重建,对一般隐患的校舍进行加固改造。经过了3年时间,投资8.73亿元,新建和重建校舍30.94万平方米。竣工率位列全省第三位。许多中小学的校园面貌焕然一新,尤其是农村中小学,学校还配备了图书室、实验室、学生宿舍等建筑。学生坐在宽敞明亮的教室里学习,有效地保障了校园安全。总的来说,办学条件得到了极大改善。

(三)推进中小学标准化建设,化解大班额问题

枣庄市为了贯彻落实《山东省人民政府办公厅关于解决城镇普通中小学大班额问题有关事宜的通知》(鲁政办字〔2015〕152号),从 2015 年起,成立了"枣庄市解决城镇普通中小学大班额问题领导小组",由枣庄市市长任组长,市财政局、市教育局、市国土资源局、市住房城乡建设局等相关部门的主要负责人为组织成员。枣庄市人民政府出台《枣庄市解决城镇普通中小学大班额问题实施方案》,要求各级人民政府贯彻执行。具体可以分为以下几个方面。

1. 完善学区规划

依据本地人口结构、学龄人口变动趋势、计生政策调整等,统筹现有教育资源状况、地理环境、交通条件、中小学服务半径、建设标准和教学保障能力等因素,完善城镇普通中小学布局建设规划。以区(市)为主,一校一策,市直学校纳入所在地区统一规划。根据规划的要求,确立新建学校清单,确保学校建成时间表和路线图。

2. 支持多种创新办学模式

积极探索国有民办、民办公助、混合股份等办学模式。支持名校办分校、托管薄弱学校,鼓励民办学校和公办学校奖励学校联盟。支持社会力量举办中小学。以政府办学为主,支持企业、社会团体和个人等社会力量通过独资、合资、合作等形式举办中小学校。支持高等学校、科研院所及社会团体与地方政府合作举办中小学。

3. 及时调整教师编制,完善教师补充机制

教育部门在核定的编制总额内,按照班额、生源等情况统筹分配各校教职工编制,实行动态管理。新建中小学按照办学标准

和招生规模确定教师编制。中小学有空编的区(市),原则上按照中小学申报情况足额安排用编进人计划,做到有编即补;教育部门配合编制、人社部门提前制订教师招聘计划,采取单独招考的方式,在每年8月份前完成当年教师招考工作。

(四)建立教师交流机制,优化师资配置

推进中小学教师"县管校聘"管理改革,强化区(市)教育行政部门对教师资源的统筹配置和管理功能。深入开展义务教育学校校长教师交流轮岗,促进师资科学、均衡配置,提高薄弱学校校长教师队伍素质。

枣庄市教育局印发了《枣庄市乡村教师计划(2015—2020)实施细则》,建立乡村教师荣誉制度,启动了农村学校特级教师岗位计划,支持乡村教师队伍发展。加大义务教育学校校长教师交流轮岗力度,平均每年交流校长教师1100余人次。实行义务教育学区内教师资源统一调配使用,积极推行音乐、体育、美术等学科教师走教,开展师范生顶岗实习和"三支一扶"支教等。

加强教师培训制度。平均每年有31570余名中小学、幼儿园教师参加"互联网+教师专业发展"远程研修,每年平均有60人参加初中校长提高培训班;19人参加普通高中校长数字教育专题培训;200余名校长参加中小学信息化领导力培训班,选派640余名中小学骨干教师参加"国培计划""省培计划"培训。

提升教师的专业技能水平。在全市中小学开展"一师一优课"和"一课一名师"活动。组织3万余名中小学教师参与了观评课活动。探索建立了校长实绩档案和教师成长档案。建好名师名校长工作室,开展特级教师和名师送教下乡,名校长结对帮扶等活动,强化辐射引领作用。通过各种项目和教学技能大赛的方式,提升教师的业务素质。2019年,有502名教师被认定为市级骨干教师,39名教师获得现代教育技术教学能手称号,4名被确定为齐鲁名师,4名被确定为齐鲁名校长。

本章小结

在党中央、国务院的高度重视和正确领导下,山东省认真贯彻《中华人民共和国义务教育法》,制定了义务教育均衡发展的总体规划,提出了目标、任务和政策措施,开展了积极而有效的工作,山东省义务教育均衡发展取得积极进展。但是,我们必须清醒地认识到,山东省义务教育的基础还很薄弱,义务教育均衡发展仍面临很多困难和问题,实现义务教育均衡发展仍然有很长的路要走,需要我们长期不懈地努力。

第四章 县域义务教育均衡发展的政策评估

县域义务教育均衡发展的政策评估是政策动态运行不可缺少的环节,只有通过政策评估,才能对政策的合理与否作出评判,才能对政策目标是否达成、政策是否应该继续执行、修改或终结作出正确判断。教育政策评估是教育政策能否适应教育发展需要的试金石,是教育政策不断发展和完善的动机。教育政策评估推动着教育政策的前进,使教育政策能够紧扣教育发展的脉搏,把好教育发展中的问题之脉,助教育发展以一臂之力。通过教育政策评估推进教育政策制定与实施的科学化、民主化、制度化和绩效化目标的实现,进而促进教育发展过程中问题的解决,推动教育事业向前发展。

第一节 县域基础教育政策评估的现实意义

一、县域基础教育政策评估是县域基础教育自身发展的需要

当前县域基础教育存在着教育资源及教育质量差距大、不均衡,教师素质参差不齐,素质教育推进难度大,学生学习压力大等问题,严重地影响着整个国民素质的提高,制约着社会的和谐稳定。这些问题的解决需要通过相应的教育政策予以保障和协调,

同时，问题的出现也与教育政策的滞后性与政策系统的不完善、教育政策评估的缺失等不无关系。比如，当前县域基础教育资源分配差距大的问题，就与20世纪70年代末期我国为追求办学效率，而实施的重点学校制度，构建的分级办学、分级管理、地方为主的经费投入和管理体制有密切关系。尽管随着时代发展和社会的进步，不再需要这种短期的、应急性的教育政策和手段，而更加需要追求教育作为公共事业的公平性，但是由于教育政策没有紧跟社会发展步伐，做出适时的调整，以致教育资源分配和教育质量差距逐渐拉大。教育政策需要回应教育发展问题，引领教育发展。那么，教育政策怎样才能满足教育自身发展的需要，体现进步性，引领教育发展呢？这就需要建立完善的教育政策体系，教育政策评估就是教育政策完善和作用发挥的至关重要的一环，贯穿于教育政策的全过程。假使没有政策评估，便会对教育政策执行过程中出现的问题和政策制定在目标和内容上存在的偏差视而不见，或者不能准确定位政策问题和教育发展的问题。只有通过科学系统客观的教育政策评估，才能使教育政策更好地反映和解决教育问题，对不合时宜的政策议题、政策内容做出适时的调整，甚至是根本性的修订，发挥教育政策促进教育发展的作用。

　　因此，县域基础教育政策评估有利于提高教育政策质量，有效指导县域基础教育发展；有利于发挥教育政策对教育活动的全局性指导和统筹作用；有利于教育政策系统反馈机制的形成、健全与完善。通过政策出台前进行的事前评估，政策实施过程中进行的执行评估和效果评估，及时发现政策存在问题，并不断完善政策，提高教育政策的科学性，克服政策运行中的弊端和障碍，提高政策实施的效益。同时，教育政策是国家进行教育管理和调控的手段，对政策的评估是教育信息反馈的主要渠道之一，通过教育政策评估，对教育政策的全过程进行调控，发挥国家对教育领域的管理、服务、指导和监督作用。总之，县域基础教育政策评估是县域基础教育自身发展的需要，通过教育政策评估及时反馈县域基础教育发展的需求和问题，有利于制定和完善符合县域教育发展实况,并引领县域基础教育发展的政策,保障和推动县域基础教育良性、有序发展。

二、县域基础教育政策评估是制定和调整教育政策的依据

教育政策评估有利于实现教育政策乃至教育发展的科学化。教育政策是政党、政府等政治实体在一定的历史时期,为实现一定的教育目标和任务而协调教育内外关系所规定的行为准则,国家利用教育政策来调整教育的内外部关系,促进教育事业发展,因此,教育政策的科学性直接关系到整个教育事业能否走向科学发展。而当前信息不断膨胀,科学技术日新月异,社会变化万千,新情况层出不穷,再加上我国正处于具有重要发展意义的社会转型期,教育政策需要根据社会、政治、经济、文化的发展和教育的发展变化,及时进行制定、更新和调整,以有效引领和指导教育改革和发展。

县域基础教育政策评估能够更好地保障教育决策的民主化,实现以人为本的科学发展。基础教育是人生的奠基,是每个人生存和发展的基础,也涉及千家万户。教育政策评估客观上要求民主,能够体现广大公众的利益和意见。评估需要有政策制定者、执行者及目标群体的共同参与,尤其需要保证公众的知情权、监督权,实现公众广泛的民主评议。评估的过程必然是一种依靠民主、发扬民主的过程。这可使教育政策更加符合民众意愿,更符合我国人民当家做主的社会主义国家性质,更好地体现以人为本的科学发展观,也有利于推进整个社会走向民主、和谐的进程。

教育政策评估使教育政策制定和实施更加科学化、民主化,教育决策考虑的因素更加全面、整体、客观,教育事业发展更加全面、协调、可持续。同时,教育政策评估还有助于强化教育行政责任,促使政府工作人员能够合理、合法执政。教育政策评估,即对教育政策实际效果的检验,是正确评价教育政策主体责任的基

础,也可促使教育政策的制定者和执行者树立评估意识与观念,自觉地以评估标准与指标审视自己的政策行为,追求高质量的政策效果。政策评估也能够促进责任化政府体制的建立与完善。系统规范的政策评估与责任化政府体制的建立是相辅相成、相互促进的关系。

三、县域基础教育政策评估是协调资源配置,促进教育均衡发展的必然

基础教育作为政府提供的一种公共服务,具有公益性、普惠性、非竞争性和公平性等特征。因此,公平为基础教育的应有之意。教育均衡做为教育公平的一种表现形式,是社会公平在教育领域的延伸,促进教育均衡有利于社会公平正义,乃至社会的和谐稳定。我国当前正处于经济社会发展的重要转型期,经济体制、社会结构、利益格局都发生着巨大变动,一些矛盾逐渐显现,比如城乡、区域经济发展不平衡,贫富差距加大等影响着我国社会的稳定和经济的可持续发展。教育发展的不均衡会放大经济社会发展的差距,使这种差距代际相传。协调教育资源配置,促进教育均衡发展,缩小区域、城乡、校际、群体教育发展的差距,让广大民众共享经济和教育发展的成果,成为推动教育发展迫在眉睫的事。国家也相继修订了《义务教育法》,出台了《国家中长期教育改革和发展规划纲要(2010—2020年)》《关于贯彻落实科学发展观进一步推进义务教育均衡发展的意见》《县域义务教育均衡发展督导评估暂行办法》等相关文件,加大对教育薄弱地区、学校和贫困群体的教育资源补偿性投入,推动基础教育走向均衡。

可见,教育政策的过程是对教育权利、资源以及教育行政权力进行分配和调整的过程,教育政策的运行离不开教育资源。一项好的教育政策与教育资源的配置是否合理有效密不可分。教育政策评估对于配置教育资源的意义,首先表现在教育政策的制定过程中。一个良好的政策方案的构思与形成,必然考虑到资源配

置的优化,必然有对政策实施可行性的深思,还要与以往的政策资源配置情况进行对照,总结经验,吸取教训,以优化政策方案。

当前,我国正以县为突破口和切入点,寻求义务教育均衡发展,但是"条带状"的人事管理制度和不明确的教育经费承担主体和方式等依然影响着教育经费和师资的均衡配置,要解决这些问题,就必须依靠科学的教育政策评估,不断完善教育政策,协调资源配置,争取早日实现基础教育均衡发展。

四、县域基础教育政策评估是应对素质教育有效推进的要求

素质教育是在20世纪80年代末,随着经济的迅速发展,官员腐败、社会公德、职业道德、家庭美德等道德缺失的弊病如死灰复燃,只重分数而忽视学生全面发展的应试教育弊端重现之时,最早于1988年由上海某薄弱学校提出。1993年,中共中央、国务院印发的《中国教育改革和发展纲要》明确要求"中小学要由'应试教育'转向全面提高国民素质的轨道"。1997年,国家教委下发的《关于当前积极推进中小学实施素质教育的若干意见》第一次以文件的形式对"素质教育"作了规范性表述。素质教育把提高学生的全面素质作为基础教育的价值取向,面向全体学生,意在使学生德、智、身、心全面发展,充分发展学生的个性,必须通过学校教育教学活动最终实现。1999年《中共中央国务院关于深化教育改革全面推进素质教育的决定》提出,要以提高国民素质为根本宗旨,以培养学生的创新精神和实践能力为重点,将素质教育贯穿于教育领域和教育教学的各个环节。进入新世纪后党的十六大和十八大报告中分别提到落实和贯彻素质教育的重要性。

虽然素质教育从提出至今已经近20年时间,但是"推行不力"的问题一直未得到根本解决。通过基础教育政策评估,收集、分析素质教育政策运行过程中的有关信息和资料,发现和修正素质教育政策的制定和执行中的有关问题,是推进素质教育进程的

必然。县域基础教育政策评估是深入扎实地推进素质教育的要求,是素质教育有效性的保障。

第二节 县域教育政策评估的指标体系

推进区域义务教育均衡发展已成为新时期我国基础教育改革与发展的一项基本政策。判断义务教育发展均衡状况及其程度,需要一把科学合理、易于测度的"尺子"。这把"尺子"的建立就是要构建一套用于评估和比较的区域内均衡化发展评估指标体系。

一、县域义务教育均衡发展指标体系构建的基本原则

义务教育是《宪法》《教育法》《义务教育法》赋予每个公民应该享有的基本权利,让每个适龄儿童和青少年接受均等的义务教育是国家的郑重承诺。因此,在制定义务教育均衡发展评估指标体系时,根本的原则应该是"平等"原则和"以人为本"原则。在总原则的指导下,基于历史和现实的条件,制定义务教育发展评估指标体系还应该考虑以下几个具体原则。

(一)指标体系制定有助于引导区域内义务教育高位均衡发展

有调查和研究表明,在国家提倡义务教育均衡化发展的大背景下,某些区域为了完成均衡化发展的目标要求,采取削优补差的方法。具体做法是在政策上、资金上及人力资源配置上限制本来优质的学校,通过削弱优质学校的资源配置来达到均衡化。比如,为完成国家对学校图书和教学设备的均衡化,要求优质学校把已有的图书和设备借给或干脆划拨给薄弱学校。这样的均衡

第四章 县域义务教育均衡发展的政策评估

是一种平均主义的均衡,是一种低位水平上的均衡,这种均衡不仅违背了国家关于义务教育均衡化发展要求的初衷,而且在一定程度上阻碍了义务教育的整体发展。因此,在制定义务教育均衡化发展指标体系时,要能够对这种低位均衡的状态进行评估甄别,在制定评估指标体系时要制定最低标准线,要能够通过评估引导区域财政投入,促使区域内义务教育均衡化发展达到高位均衡状态。

(二)评估指标体系的制定应该考虑差异化相对均衡原则

国家提出区域内义务教育均衡化发展,其目的是为了实现受教育机会及教育质量均等化。在现阶段,某一区域内经济发展的不均衡,教育资源总量有限,实现城乡间和校际间绝对的平衡既不现实也不必要。因此,在制定评估指标体系时,应该避免绝对均衡,而是应该逐步缩小城乡间、校际间义务教育的差距,鼓励优质学校发展,并为薄弱学校提供办学经验和人力资源支持。

(三)评估指标体系的制定应有助于区域内义务教育动态均衡

区域内义务教育均衡发展不是一种静态的过程,而是一种动态的过程。受地区经济条件、自然环境和历史文化的制约,区域内义务教育发展的不均衡是客观存在的,但区域内义务教育的均衡发展并不必然要遏止部分经济发达地区义务教育的发展速度,而是合理控制教育差距,使其不至于危及教育平等的基本理念。

(四)弱势倾斜原则

相对而言,经济欠发达的县区、乡镇投入教育的资金有限,能够配置的优质教育资源也有限,为了缩小薄弱学校和地区与优质学校和地区的差异,需要区域内统筹安排,对薄弱学校或欠发达地区给予更多的经济和政策支持。

因此,义务教育均衡化发展指标体系的制定应该能够涉及弱势地区和学校的补偿机制。

二、县域义务教育均衡发展评估指标体系的构成

在义务教育相关法律法规的指引下，再通过本地义务教育实施的具体情况，不难发现，县域义务教育均衡发展评估指标体系是具有系统性、层次性和完备性的指标集合。其主要由以下几方面构成。

（一）县域均衡发展评估指标体系构建的评估对象选择

在构建县域均衡发展评估指标体系的过程中，其首要任务就是明确评估指标所针对的评估对象，这是因为只有明确了具体的评估对象，才能够更加有针对性地提炼指标，才能确定指标的数据来源，有助于为资料的分析解释提供范围。对于县域范围来说，其评估对象主要包括城乡间的均衡性、城市内或乡村内学校与学校之间的均衡性及学生与学生之间的均衡性。

1. 将城乡间的均衡性作为评估对象

确定评估指标时应包括城乡间的共有要素和各自的特点。

2. 学校之间的均衡性作为评价对象

确定评估指标时应注意满足针对性和可操作性，应以学校作为区域内评价对象主体，具体指标应涵盖学校的各方面。

3. 学生间均衡性的评价

义务教育均衡发展的最终目的是实现学生提高素质和均衡发展，但难以直接对学生的均衡发展进行评价，主要是由于学生的身体机能、心理素质、天赋条件、智商水平和家庭背景等方面各有不同。所以，不能将这一层级作为评价指标体系，而是应该通过学校间的均衡评估潜在推动学生间均衡发展评估。

通过前面对评估对象的分析，不难发现，义务教育均衡发展

第四章 县域义务教育均衡发展的政策评估

评估指标体系的制定要以学校间均衡发展评估为主体,兼顾城乡间、县区间的均衡综合评估。

(二)义务教育均衡发展评估指标体系的硬指标

应从以下几个领域来制定义务教育均衡发展评估指标体系的硬指标。

1. 教育机会均等指标

县域义务教育均衡发展的本质要求是实现受教育机会均等,因而,受教育机会可以作为评估指标体系中的重要指标。从我国全面实施九年义务教育政策以来,我国适龄儿童和青少年的受教育机会基本得到保证,该指标在指标体系硬指标中占有的权重应适当减少。可以将教育机会均等化这一指标划分成如下二级指标,如图 4-1 所示。

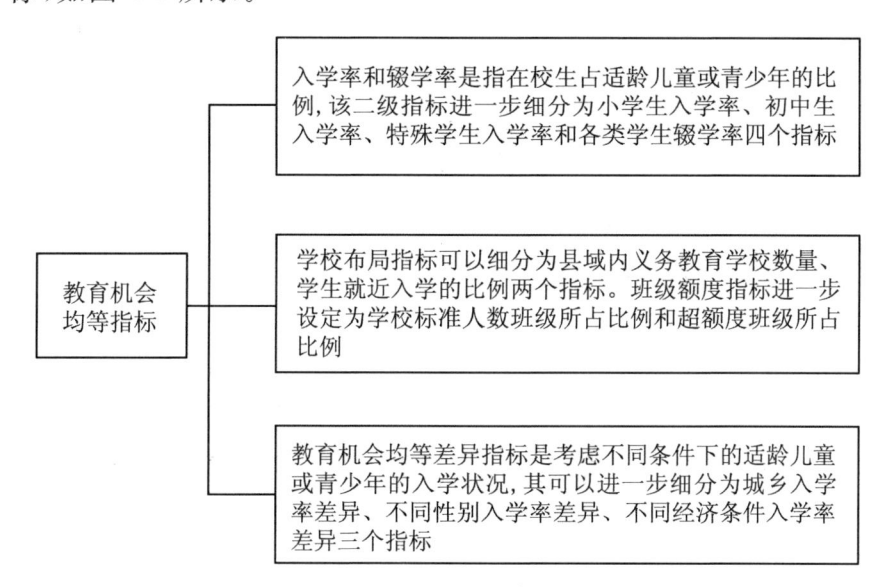

```
                ┌─────────────────────────────────────────────┐
                │ 入学率和辍学率是指在校生占适龄儿童或青少年的比 │
                │ 例,该二级指标进一步细分为小学生入学率、初中生 │
                │ 入学率、特殊学生入学率和各类学生辍学率四个指标 │
                └─────────────────────────────────────────────┘
                ┌─────────────────────────────────────────────┐
 教育机会       │ 学校布局指标可以细分为县域内义务教育学校数量、│
 均等指标 ─────┤ 学生就近入学的比例两个指标。班级额度指标进一步│
                │ 设定为学校标准人数班级所占比例和超额度班级所占│
                │ 比例                                         │
                └─────────────────────────────────────────────┘
                ┌─────────────────────────────────────────────┐
                │ 教育机会均等差异指标是考虑不同条件下的适龄儿童│
                │ 或青少年的入学状况,其可以进一步细分为城乡入学│
                │ 率差异、不同性别入学率差异、不同经济条件入学率│
                │ 差异三个指标                                 │
                └─────────────────────────────────────────────┘
```

图 4-1 教育机会均等指标划分

2. 教育经费投入均衡指标

教育经费是指中央和地方的财政预算中,用于教育的费用,教育经费一般包括教育事业费和教育基本建设投资。本书认为,义务教育均衡发展指标体系的硬指标中应该单列一块内容,即教育经费投入均衡化。

在保证义务教育经费预算不断提高,各项教育资金到位率不断提高的前提下,实现区域内义务教育均衡化发展才能得到保障。在一定的教育经费总量下,可以把教育经费均衡化指标分成5个二级指标,如图4-2所示。

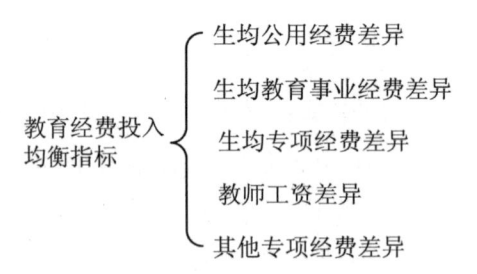

教育经费投入均衡指标
- 生均公用经费差异
- 生均教育事业经费差异
- 生均专项经费差异
- 教师工资差异
- 其他专项经费差异

图 4-2 教育经费投入均衡指标划分

3. 学校硬件设施均衡指标

学校硬件设施的差异是最能反映学校间差异、城乡间差异的外显指标。学校硬件设施均衡指标可分为3个二级指标,如图4-3所示。

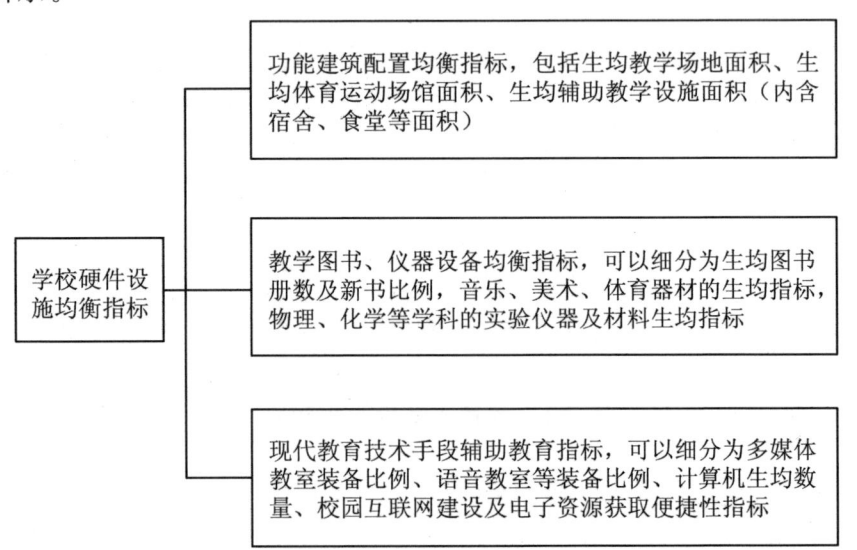

学校硬件设施均衡指标
- 功能建筑配置均衡指标,包括生均教学场地面积、生均体育运动场馆面积、生均辅助教学设施面积(内含宿舍、食堂等面积)
- 教学图书、仪器设备均衡指标,可以细分为生均图书册数及新书比例,音乐、美术、体育器材的生均指标,物理、化学等学科的实验仪器及材料生均指标
- 现代教育技术手段辅助教育指标,可以细分为多媒体教室装备比例、语音教室等装备比例、计算机生均数量、校园互联网建设及电子资源获取便捷性指标

图 4-3 学校硬件设施均衡指标划分

（三）义务教育均衡发展评估指标体系的软指标及其权重

1. 教育管理水平的均衡化指标

从义务教育发展的实践来看，影响义务教育均衡发展的重要因素之一是教育管理的规范化与制度化水平。教育管理水平的均衡化指标可分为如下二级指标，如图 4-4 所示。

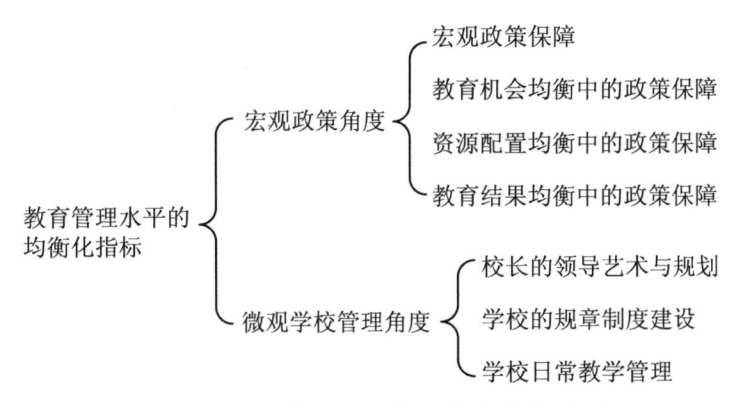

教育管理水平的均衡化指标
- 宏观政策角度
  - 宏观政策保障
  - 教育机会均衡中的政策保障
  - 资源配置均衡中的政策保障
  - 教育结果均衡中的政策保障
- 微观学校管理角度
  - 校长的领导艺术与规划
  - 学校的规章制度建设
  - 学校日常教学管理

图 4-4 教育管理水平的均衡化指标划分

2. 教师队伍的均衡化指标

拥有一支优良的教师队伍是学校教育教学质量得以保证的基石，是义务教育均衡发展的根本依托。在衡量区域内义务教育均衡发展现状时，必须全面深入考虑教师队伍建设指标。教师队伍均衡化的指标体系可分为如下指标，如图 4-5 所示。

3. 教学质量、教学成就的均衡化指标

义务教育均衡发展最终应体现在教学质量、教学成就上的均衡性。义务教育结果的均衡程度应把教学质量和教学成就作为评价指标之一。

教学质量、教学成就的均衡化指标可分为如下指标，如图 4-6 所示。

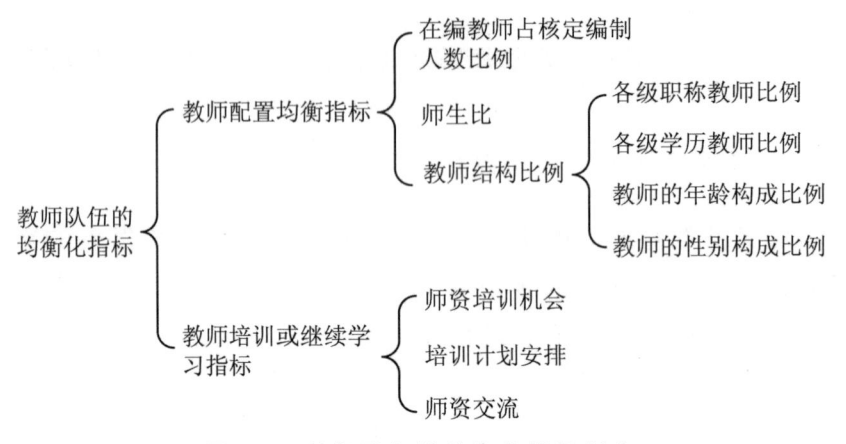

教师队伍的均衡化指标
- 教师配置均衡指标
  - 在编教师占核定编制人数比例
  - 师生比
  - 教师结构比例
    - 各级职称教师比例
    - 各级学历教师比例
    - 教师的年龄构成比例
    - 教师的性别构成比例
- 教师培训或继续学习指标
  - 师资培训机会
  - 培训计划安排
  - 师资交流

图 4-5　教师队伍的均衡化指标划分

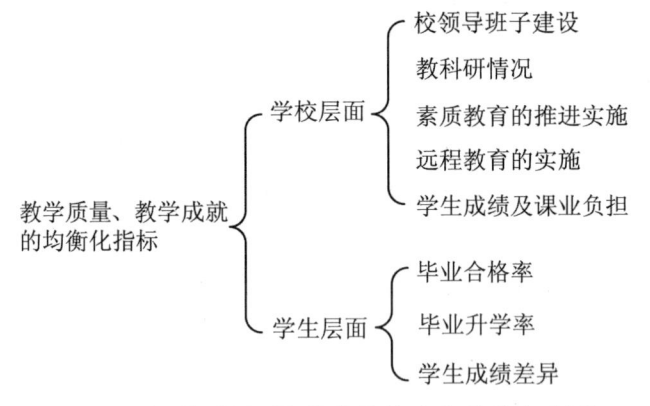

教学质量、教学成就的均衡化指标
- 学校层面
  - 校领导班子建设
  - 教科研情况
  - 素质教育的推进实施
  - 远程教育的实施
  - 学生成绩及课业负担
- 学生层面
  - 毕业合格率
  - 毕业升学率
  - 学生成绩差异

图 4-6　教学质量、教学成就的均衡化指标划分

4. 社会满意度方面的均衡化指标

近年来,国家提倡义务教育均衡发展得到了社会的大力支持,也是社会大众的夙愿。社会满意度方面的均衡化指标可分为如下指标,如图4-7所示。

社会满意度方面的均衡化指标
- 儿童就近入学满意度
- 办学条件差距满意度
- 教师队伍差距满意度
- 控制择校现象满意度
- 政府推进义务教育满意度
- 学生作业负担满意度

图 4-7　社会满意度方面的均衡化指标划分

第三节　县域教育政策评估的过程

县域基础教育政策评估是一个循环的动态过程,是一种有计划、按步骤进行的多层次、多阶段活动,程序是否规范直接影响到县域基础教育政策评估的质量。县域基础教育政策评估组织实施的主要任务是科学规范教育政策评估的程序、建立健全县域基础教育政策评估的信息保证制度和结果运用制度。

评估程序并非简单地评估先后顺序,它作为县域基础教育政策评估的一个重要组成部分,需要慎重地进行安排。尽管评估模型和类型的差异使得评估程序有所不同,但是任何规范、科学的评估活动都要经过相互联系的三个阶段,即政策评估的筹划、政策评估的运作与政策评估的反馈。

一、县域基础教育政策评估的筹划

评估的筹划作为县域基础教育政策评估活动的第一环节,是评估正式实行的准备阶段。由于县域基础教育政策既不是静态文本,也非简单的线性过程,而是静态政策文本和动态现实执行过程的耦合、发展的非线性过程,因此,评估者在面对被评估对象时,需要做的工作包括:确定被评估对象和制定评估方案。

(一)确定被评估对象

确定被评估对象,即被评估者了解被评估对象的内容与背景,解决"评什么"的问题(图4-8),这种分析主要包括两个方面:

一是了解有关政策本身的信息。

包括政策的具体名称、政策所要解决的公共问题、政策的基本意图、政策的具体目标、政策制定的理论依据、具体的政策措施、政策的目标群体、政策执行组织等。

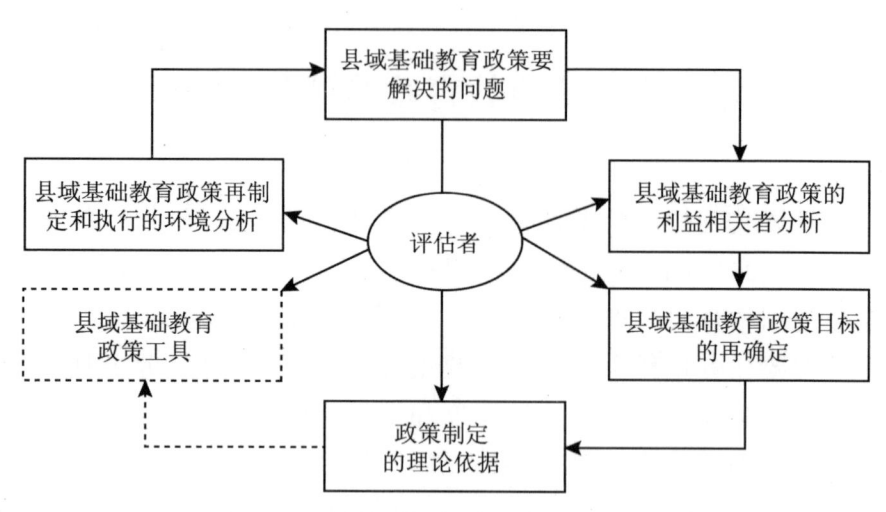

图 4-8 县域基础教育政策评估对象的确定

二是了解政策制定和执行的具体情境。

包括政策提出的社会政治背景、政策出台的具体时间、政策出台前后的经济社会状况、政策执行的环境等。

1. 对县域基础教育政策要解决问题的再认定

这一过程实际上是事实上的"预评估"。在评估者获得县域基础教育政策的文本后要对教育政策问题进行正确的认定,分析问题与县域基础教育政策的相关性与可及性,甄别的方法有二:一是问题与教育政策相关性条件,两者的相关性越高,政策就越具有针对性;二是问题是否符合教育政策的可及性条件,也就是能通过教育政策解决和缓解的问题才可纳入教育政策议程。教育政策评估者还应该在此基础上继续追问:问题是否已经严重到非制定教育政策不可的地步?问题是由谁提出的?怎样提出来的?有哪些群体关心这个问题?其间的利益关系是怎样的?他们的执行能力如何?在不断的追问中,问题被阐明,就等于解决了一半问题。

第四章 县域义务教育均衡发展的政策评估

2. 县域基础教育政策的利益相关者分析

厘清县域基础教育政策的利益相关者,其目的在于:第一,有助于政策评估者了解县域基础教育政策活动中的各种因素,并根据因素的互动作用构建政策的作用模型;第二,有助于评估者确定影响县域基础教育政策执行及其效果的关键变量;第三,有助于评估者明确政策评估的信息源。县域基础教育政策的利益相关者掌握着绝大部分的政策评估信息,只有确定他们是谁,并与之保持联系,获得其支持,才会为后续的评估工作建立畅通的信息通道。

县域基础教育政策的利益相关者包括三类:

一是参与教育政策制定,再制定及执行的人员和组织。

二是与被评估的县域基础教育政策有直接或间接利益关系的人,包括非正式评估的发起者和资助者、教育政策督导机构、利益集团、县域基础教育政策的对象。

三是与县域基础教育政策没有直接或间接利益关系,但对政策表示出强烈关注的个人或组织。

3. 县域基础教育政策目标的再确定

尽可能精确地确定县域基础教育政策的目标。政策执行之后出现的政策结果对政策目标的实现程度就是教育政策效益。县域基础教育政策目标是教育政策评估的重要技术标准之一,一般而言,文本中呈现的所谓"目标"不能作为县域基础教育政策评估的目标,其原因在于:一是县级教育主管部门对上级教育政策进行再制定,没有针对特定的教育问题,实际上是针对上级政府制定教育政策的总目标,所以目标较为笼统;二是县域基础教育政策目标由于专业水平、政治等多种因素的影响,往往缺乏具体性和清晰性,以至于无法衡量,降低了教育政策评估的可能性;三是县域基础教育政策具有多重目标,不只是呈现在文本之上的目标;四是即使文本上呈现的目标,也会因为政治、社会等因素的影响,使其真实性大打折扣;五是县域基础教育政策作为教育政策的质点,在不断细化和执行的过程中,政策目标已被调整。综上,县域基础教育政策评估者在进行正式的评估活动之前,必须对县域基础教育政策的目标进行再确定。对于县域基础教育政策目标确定的方法,除了对政策文本和相关材料的"文献分析",还应尽可能地通过信件、网络、访谈、问卷或德尔菲法,获得教育政策最初制定者的想法,与之共同确定政策的目标。

4. 县域基础教育政策的理论依据

在教育决策的过程中,即使是看似完美的理论假设也可能会导致政策实践的偏差,教育政策制定者常会在决策过程中不自觉地充当自己理论的"奴隶",因此,有必要对县域基础教育政策的理论依据是否正确进行深入剖析,在此不仅要对理论自身的逻辑性和一致性进行分析,还要确定理论假设与政策实践是否一致。由于政策制定的理论假设不会在政策文本中呈现,因此,首先需要政策评估者与制定者进行反复沟通,根据制定者的理论假设,对县域基础教育政策所涉及的变量及其相互作用进行分析,构建政策影响模型,揭示政策发生的原理,并阐明教育政策发生作用的时间与范围。

5. 县域基础教育政策工具

县域基础教育政策工具是指政策实施需要的手段或方法。实现教育政策目标的路径是多样的,可谓"条条大路通罗马",但是有些路径其政策结果可能事倍功半。因此,县域基础教育政策评估的预评估阶段就要分析所有的政策工具,而过程评估和结果评估环节则次之,但是如果评估者可以获得该方面的信息,对于全面地掌握县域基础教育政策也是大有裨益的。

6. 县域基础教育政策的再制定和执行环境分析

县域基础教育政策在自上而下的"层层滴漏"中不断地进行

再制定,且在执行过程中经历了多次变迁与改革,因此,政策评估者必须追溯变迁和改革的原因、过程和结果,了解其中涉及的各种情景因素,其中主要有:教育政策问题进入政策议程的背景、决策者、政策制定的倡议者、决策参与者、政策相关者、政策推动者、县域基础教育政策采纳的主体、县域基础教育政策的再制定者、县域基础教育政策执行者、县域基础教育政策具体执行的环境如何、县域基础教育政策的效果如何,等等。

(二)制订评估方案

在整体把握县域基础教育政策的基本内容和相关背景之后,接下来即为实质性地制订教育政策评估方案。教育政策的评估方案是指导评估工作的蓝图,集中体现了评估者的专业水平、能力与经验,是政策评估筹划环节最为重要和复杂的环节。县域基础教育政策评估方案通常需要以书面形式具体呈现以下内容。

1. 县域基础教育政策评估的目的和意义

县域基础教育政策评估固然应该检验县级政府执行教育政策的效果,总结经验并确定政策变化的方向。但是,县域基础教育政策"不能用边际利率向纳税人证明自己存在的理由……必须用更复杂的概念为自己正名,如效率效力和社会价值"。

县域基础教育政策评估的目的有如下三种类型。

一是管理与改进。通过县域基础教育政策评估改进政策执行的绩效,提高教育政策在县域内运行的效率和质量。

二是责任与控制。这种评估的核心是获得教育政策预期结果实现的情况,反击对政策合理性的质疑,因此对评估的质量要求很高。

三是节约成本。随着县域基础教育政策数量的增多,教育财政收入的增长速度落后于支出速度,因此,需要借助教育政策评估,摒除一些多余的教育政策。

2. 县域基础教育政策评估的具体内容与重点

县域基础教育政策评估内容的选择可以从多个角度考虑，面对既定的评估对象，评估者要根据评估发起者的要求、评估实施的条件、时间等因素确定具体的评估内容与重点。

3. 县域基础教育政策的评估标准与指标

在明确了县域基础教育政策评估的内容和重点后，就需要确定评估的标准，采用不同的评估标准会导致不同的评估结果。教育政策评估标准一般是多元的，但大致可以分为事实标准和价值标准，前者以县域基础教育政策执行的客观事实为依据，后者强调的是评估主体的信念、思想和理想追求。对于县域基础教育政策的评估标准做操作化处理或具体化解释，就形成由多指标组成的指标体系。运用不同的评估指标会得出不同的评估结论，因此选择能够确切体现县域基础教育政策本质的指标显得尤为重要。

4. 县域基础教育政策评估信息的收集与分析方法

县域基础教育政策评估结果的客观与公正不仅依赖于标准的制定，还在于事实信息的收集。县域基础教育政策评估信息收集的方法可以分为文献法、调查法、观察法和实验法四类。教育政策评估的过程实际上就是将收集到的信息进行整理、加工的过程。教育政策分析的方法有定量分析和定性分析两种，定量分析常用回归分析的方法。

5. 县域基础教育政策评估的方法

县域基础教育政策评估的方法总体上可以分为定量方法和定性方法，二者的适用范围各不相同，一般而言，定性评估方法适用于那些宏观的、影响范围广、效果和影响难以用量化指标衡量的政策；定量评估方法适用于那些效果与影响可以用客观指标衡量的政策。

6. 县域基础教育政策评估的结果与交流

县域基础教育政策评估结果有两种形式：一是阶段性评估结果，二是评估结束后的评估报告。无论哪种形式的评估结果，都需要评估者与委托者之间积极、持续的沟通与交流，使双方了解各自不清楚的问题，这样不仅可以获得一些额外的政策评估信息，还可以增加评估结果被县级政府采纳的可能性。因此，评估方案的设计者需要仔细设计评估报告的形式和交流程序，包括交流的周期、方式与地点等。

7. 县域基础教育政策评估的时间和工作进度

政策评估要兼顾质量和效率，效率包括两个方面：一是县域基础教育政策评估工作产生的价值与其耗费的成本相比是否值得；二是评估工作是否在规定的时间内完成，这就是评估的及时性问题。因此，为了确保政策评估的效率，县域基础教育政策评估主体必须将工作进度纳入评估方案。

8. 县域基础教育政策评估经费的使用与安排情况

县域基础教育政策评估需要大量的经费和人力投入，需要有国家财政的大力支持或额外的社会资助才能维持。因此，一方面需要制订详尽的经费使用计划，人员成本和非人员成本，前者主要为评估人员的报酬等人工成本，后者包括设备、物质等费用；另一方面应将评估费用的支出规则与程序纳入评估方案。

二、县域基础教育政策评估的运作

在经历县域基础教育政策评估的精心筹划后，评估就进入实质性阶段——收集信息和分析信息。教育政策评估结果的可靠性在很大程度上有赖于充分的政策信息和正确的信息分析方法。

(一)教育政策评估信息的概述

教育政策评估信息是指用于政策评估活动中的各种信息的总称,具体包括的内容如图4-9所示。评估信息中蕴含着评估数据,对评估信息的获取和处理,实际上也完成了对评估数据的处理。

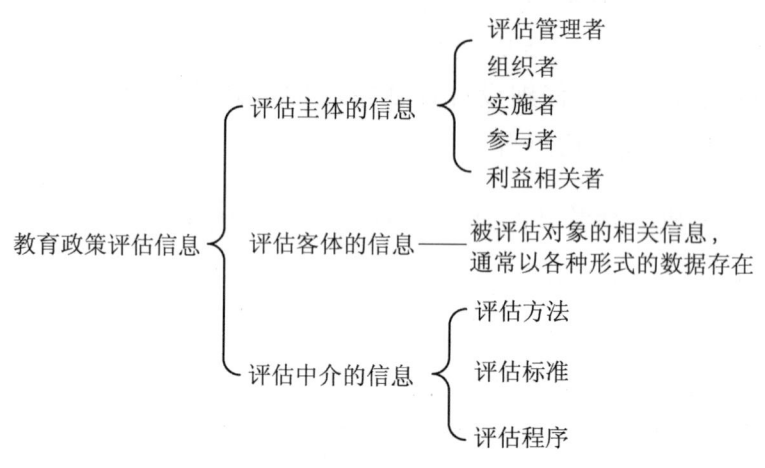

教育政策评估信息
- 评估主体的信息
  - 评估管理者
  - 组织者
  - 实施者
  - 参与者
  - 利益相关者
- 评估客体的信息——被评估对象的相关信息,通常以各种形式的数据存在
- 评估中介的信息
  - 评估方法
  - 评估标准
  - 评估程序

图4-9 教育政策评估信息的内容

1. 教育政策评估信息获取的方法与策略

教育政策评估信息获取应采取科学的方法,常用的方法和策略如下。

(1)逻辑关系法。

在教育政策评估中常采用逻辑关系法来获取信息,通常会从需要评估的教育政策出发进行相关推理,分析得出政策各目标或环节中的逻辑关系或先后过程进而获取有价值的评估信息,重点需要获取的是,能够对后面其他程序或其他环节造成严重影响的过程或环节,利用这些关键过程或环节中获取的信息来判断教育政策活动的整体情况。应用此法需要注意的是,应弄清各个目标、过程或环节间的逻辑关系。

(2)分类获取法。

在教育政策评估中,若要更加高效地获取信息,就需要将应获取的评估信息加以分类,再安排不同的评估人员针对不同类别进行专项采集。采用分类获取法进行评估信息获取,能够实现比较全面、系统、完整、详细地获取教育政策评估所需要的信息。在分类过程中,需要注意依据教育政策和评估活动过程的特点,以及它们之间存在的各种逻辑关系来进行分类,避免遗漏和重复获取信息。

(3)咨询法。

采用咨询法进行教育政策评估信息采集的过程中,其咨询对象通常是各类评估主体,具体有政策评估的管理者、组织者、实施者、参与者和利益相关者,涉及的人员有政府官员、专家学者、评估专家、管理人员等,对于不同类型人员,他们所掌握的信息各有不同,因此,从中获取的信息也并不相同。面对众多的信息,相关采集人员应具备较高的专业水平,能够有效鉴别获取信息的真实性。

(4)对比法。

对比法主要是通过被评对象的自评与评估目标或标准比较、被评对象的实际情况与预期目标比较、被评对象之间的比较、对照被评对象过去的情况,对照从不同渠道得来被评对象的信息等方式,来获取所需的教育政策评估信息。

(5)追踪法。

在教育政策评估过程中,常常会出现某些特殊事件或情况(如项目中止或修改、人员更换、拒绝配合或消极配合等),可以以这些特殊事件或情况为切入点,进行追踪调查,获取被评对象的真实信息。

2. 教育政策评估信息获取的渠道

评估信息的类型和内容十分丰富,信息来源渠道和途径也非常广泛(表 4-1)。因此,教育政策评估信息的获取渠道和途径不能太单一,应该多样化。通过多种渠道采集信息,根据评估目的的需要组合使用并相互验证。

表 4-1　教育政策评估信息获取的渠道

	信息内容	主要特点与难点
现有信息采集整理	公开发布的数据及相关报告	节约时间、经费。但对信息可信度的判断比较困难
抽样调查	调查问卷设计发放、数据统计	可以在需要的范围内推断总体,但需要的时间、经费较多
个别访谈	个人的信息、意见、观点、感受	直接针对重要或有争议的问题,但可能有个人偏见
小组专题座谈	个人及小组的意见、观点、感受	直接针对评估的问题,小组可讨论,但对敏感问题不合适
实地调研重点调查	重要情况核实,现场考察	可获得一手信息。但不能简单推断总体,且需要的经费较多
正规取证	各种具有法律效应的证明材料	可获得权威性证据,但程序较复杂,费时间
网上采集	各类信息	快捷,及时,但需要专门人才对信息进行加工整理

3. 教育政策评估信息处理方法

教育政策评估者搜集到的原始评估信息杂乱无章,需要经过筛选、整理和评估,使其成为便于利用的形式呈现并存储起来,这一过程就是信息的处理过程。信息处理主要有以下三个层次。

(1)数据信息鉴别、筛选或选择的方法。

根据一定的需要、标准和方法,对搜集来的评估信息作进一步的鉴别、筛选或选择,以判明其适用程度,保留有用信息,剔除无用信息,便于整理序化。

(2)数据信息整理、序化的方法。

数据信息整理的目的是达到序化,整理和序化的目的又在于加工,便于利用。数据信息整理包括形式整理和内容整理两个层次。

(3)数据信息加工的方法。

数据信息加工方法是对数据信息进行深层次处理的方法,主要有数据信息分析、揭示、存储、检索、显示、转换等系列方法。

第四章 县域义务教育均衡发展的政策评估

(二)县域基础教育政策评估的运作

县域基础教育政策评估信息包括量化的评估信息和质性的评估信息。

量化的评估信息涉及大量的数据收集统计分析,如师生比、教师工资、专任教师数量、考试成绩、学生升学率、出勤率、辍学率、生均成本等。该类信息往往是通过实验或准实验获得的,通常用以考察参与和未参与项目的群体之间在统计学意义上的差异。获得量化信息的评估称为量化评估,教育政策量化评估表现为成本-效益分析、准实验研究设计、多元回归分析、民意调查研究、投入产出分析等。许多量化的评估信息并不是实验性的,而是通过一些数量资料就能判断是否已经达到了具体的政策目标。量化信息的获取花费时间较少,成本也相对较低,但这也是它的缺陷,因为量化信息无法反映教育政策研究中的价值因素。

质性的政策评估信息通常是一些口头或图片音像资料,如访谈抄本、访谈记录、日记、备忘录、观察记录、日记记录、照片等。通过收集多种不同种类或来源的资料,并运用三角互证法对它们进行比较,以提高评估的信度。例如,对县域基础教育政策的满意度进行评估,就需要对学生、教师、政府官员、媒体等群体进行访谈,并根据需要分析与此有关的文献,通过收集多方面的信息,进行科学的评估。我们可以透过质性的政策评估信息深入地洞察教育问题,透过现象看本质,得到一些量化评估所忽视的结果。但是,质性政策评估信息的获得,费时、费力、费财,并带有一定的主观性,所以可信度要低于量化的评估信息。

三、县域基础教育政策评估的反馈

(一)撰写县域基础教育政策评估报告

在搜集并分析政策评估信息之后,县域基础教育政策评估者要写一份报告,呈现他们的结果并在此基础上提出建议。任何一份规范化的政策评估报告都应当由以下七个部分组成。

1. 标题页

标题页应当包括县域基础教育政策评估报告的题目、提交日期、报告为谁准备(提交对象)、报告由谁起草(提交人)。其中,评估报告的题目设计应当尽可能醒目、生动,具有很强的针对性和视觉冲击力,报告题目既可直接陈述评估对象或问题,使评估的主要内容一目了然,也可以某种结论式的语言或判断句作为标题;既可以提问的形式作为标题,也可采取双标题(主标题＋副标题)的形式。

2. 评估摘要

评估摘要是一种供评估委托者使用的文本,是整个政策评估报告的"微缩版"。其内容一般包括:政策评估的主要程序、简单的结论和分析得出的建议。写作的基本要求是:简明扼要,能够反映报告的主要观点,其长度一般应保持在 1000 字左右,在版式排列上应将摘要内容放在一页 A4 纸内。

3. 目录、图表与说明

为了使报告的阅读对象能够直接找到最终报告的有关部分,撰写者应列出内容部分的主要标题、小标题和图表的页码。

4. 导言

导言是评估报告的开头部分,一般应使用尽可能简短的语言,描述政策评估的大致背景和轮廓,包括:

(1)阐述所要评估的政策问题是什么,有时还需简要、完整地描述被评估政策的主要特征,目的是使阅读者清晰地了解该政策的历史与运作。

(2)说明评估该政策问题的价值或意义。在评估某项政策

第四章 县域义务教育均衡发展的政策评估

时,可能已有人做过类似的研究。因此,有必要对已有研究成果做一个简要的概括和评述,这有助于表明自己的评估有什么特色,如何超越了已有的研究。

(3)介绍为收集和分析资料所采用的技术方法和程序,有时也将所使用的评估方法的局限性放在这一部分叙述,但更多情况下则是将其列入结论或建议的章节中。

5. 评估结果

评估结果是对研究分析结果的介绍,因而是评估报告中最长的部分,其论述可能会延续几章,而且包括各种巧妙设计的图表说明。评估结果应当是精心组织的,能够给阅读者一个明确的引导,当然,图表不宜过多,只有那些揭示最重要发现的图表才安排在这一部分;同时,图形中的主要发现应在文中讨论,但没有必要在文中解释每个表格的每个细节。

6. 结论和建议

在评估结果的基础上,简要概括评估中的主要发现,并提出相应的建议。结果或发现不应再包括新内容;每个建议应与所依据的事实相联系,从而使阅读者清楚建议是如何做出的;最好探讨可选择的建议,而非限定性建议。比如,采用"如……那么"的形式表达建议。

7. 附录

附录包括:详细的图表和统计分析、资料收集工具、分类编码的工具与形式、实地调查程序、支持文件证明和其他对于一个全面的评估报告必不可少的信息。

(二)县域基础教育政策评估报告的采纳

县域基础教育政策评估报告的完成并不意味着评估过程的结束,以文字形式呈现的评估报告要转化为现实中执行,就是政策报告的采纳。一般来说,被评估者有四种对待评估结果的态度:第一,不采取行动。也就是什么都不做,其目的是为了维持现行政策。原因可能是评估报告本身存在问题,可能缺乏可行的政治基础,也可能是被评估者根本就不想改变现状。第二,局部修改。只对政策进行小幅度修改,即不会涉及政策支出的变化、人员的变化以及政策目标的变化。第三,大幅度修改政策。即涉及政策参与者的工作、服务设施的减少等。第四,终止政策。多种原因可能导致一项政策的终止,如管理阶层的变化、经济陷入低迷、预算发生困难、原有政策任务完成、新政策的出现等。县域基础教育政策评估报告的采纳不仅涉及政策评估的技术因素,即评估结果的客观与公正,更涉及政治因素,评估者只有弄清楚影响政策评估结果采纳的因素,才能真正地对评估负责任。

如图 4-10 所示,为县域基础教育政策评估程序。

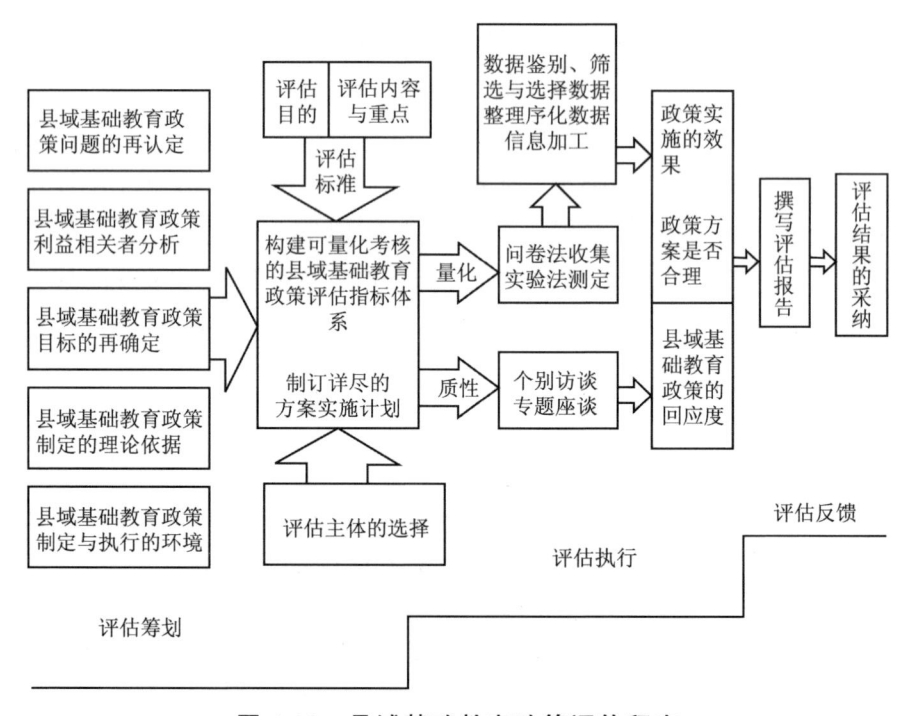

图 4-10 县域基础教育政策评估程序

第四节 县域教育政策评估效果

中国义务教育均衡发展已在健全保障机制、改善办学条件、均衡师资配置等方面取得成效。不过,在资金投入、城乡发展水平等方面仍存在不少问题。本节主要从我国近年来义务教育均衡发展的主要成效和问题两方面来介绍县域义务教育政策评估产生的效果。

一、县域义务教育均衡发展的主要成效

主要成效如下：

(一)"完善投入机制""加大教育投入缩小城乡差距"显见成效

(1)完善了义务教育投入体制。

国务院和地方各级政府建立了依法保障义务教育的财政体系,把义务教育全面纳入公共财政保障范围,全面免除城乡义务教育学生学杂费、教科书费。近几年来,义务教育阶段的学生平均公用经费基本定额已不断提高,农村中小学校舍的维修改造单位面积的中央补助标准已得到了显著提升。

(2)义务教育经费投入明显增加,"办学经费得到保障"。

2019年国家财政性教育经费支出占国内生产总值比例达到4%以上,由此可见,义务教育已经成为公共财政首要保障的领域,其在公共财政支出中的重要地位进一步得到巩固。

(二)"推进学校标准化建设"成效显著,学校办学条件大幅改善

据不完全统计,自2013年启动县域义务教育均衡发展督导评估以来,截止到2016年,全国31个省(区、市)和新疆生产建设

兵团共新建学校1.2万所,改扩建学校19.1万所,新增学位近2000万个,新增校舍面积3.4亿平方米,新增实验室、功能室697万间,新增教学仪器设备值2839亿元,新增图书11亿册,新增计算机966万台①。

(1)加强学校标准化建设。

各地全面推进义务教育学校标准化建设,统筹实施重大工程项目,把学校标准化进程目标任务分年度落实到校,学校达标率不断提高。目前,四川省全省达标学校比例达到76.5%,安徽省中小学标准化率达到96%。河北省石家庄市各县通过山区教育扶贫工程,将1.5万多名山区学生转移安置到在平原地区新建的一批标准化学校。内蒙古自治区锡林浩特市累计投入18亿元新建、迁建和改扩建了全市所有中小学,实现体育馆、塑胶操场、录播室、电子大屏"全覆盖"。部分省份将标准化学校建设延伸到教学点。福建省制定《教学点基本办学条件标准》,在交通不便,条件艰苦的边远地区,保留2529个农村教学点,推动各地加强经费保障、条件装备和师资配备,确保教学点基本开齐开足国家课程。厦门市、漳平市对教学点进行标准化学校验收,教学点建设水准大大提高。湖南省将标准化教学点建设列入省政府重点民生实事项目,作为各级政府绩效考核的重要内容,全省已完成2400余个标准化教学点建设。

(2)高度重视学校信息化建设。

海南省结合"教育信息化试点省"、全国唯一一个"教育装备综合改革实验区"建设,全省班级使用数字资源教学的比例达到80%以上,90%以上的教师和50%初中以上的学生拥有实名网络学习空间。陕西省20个受检县,教师办公电脑每人1台,普通教室班班通多媒体设施或电子白板或触控一体机基本实现全覆盖,千人以上规模的学校建起了校园电视台或录播室。福建省为4683所完小以上农村中小学接入20M宽带,并支付5年的宽带

---

① 教育部教育督导局.2016年全国义务教育均衡发展督导评估工作报告[R]2017.

使用费。西藏自治区林周县实现了全县数字资源数字化，可通过监控系统对所有教室进行远程听课。重庆市江津区投入1.4亿元新建音体美等"六大功能室"和购置信息化设备，实现了教育装备"脱胎换骨"。

(三)"加强师资队伍建设"有所进步，"均衡配置师资"逐步推进

(1)创新编制管理机制，灵活解决教师招聘和退出问题。

2014年中央编办、教育部、财政部共同印发《关于统一城乡中小学教职工编制标准的通知》，将农村中小学教职工编制标准与城市标准统一，长期以来城乡教师编制倒挂这一老大难问题从制度上得以破解。

福建省在全国率先实行城乡统一的教职工编制标准，并对农村小规模义务教育学校编制按照生师比和班师比相结合的方式核定；在全国较早建立中小学教师"以县为主、县管校用"管理体制，在县域内做到义务教育公办教师工资待遇、编制标准、岗位结构比例、招聘调配、考核评价、管理服务"六个统一"，使教师从"学校人"变成"区域人"，为县域内教师的均衡配置打下坚实基础。山东省着力加强农村中小学教师队伍建设，在事业单位编制总量内，利用精简压缩和事业单位改革等方式收回的编制，建立中小学教师临时周转编制专户，对满编超编中小学确需补充专任教师的，使用临时专户编制予以补充[①]。

(2)创新教师补充机制，稳定教师队伍。

2013—2015年新补充教师95.7万人，2016年新补充33.6万人；全国近四年新补充教师中，音、体、美、科学信息教师22.8万人，占新补充教师总数的17.6%。从县的类别来看，2016年之前实现基本均衡的巩固县四年来共新补充教师57.4万人，2016年达标县新补充21.39万人，未达标县新补充50.5万人；音、体、美、科学信息教师分别占三类县新补充教师总数的18.5%、19.6%、

---

① 教育部教育督导局.2016年全国义务教育均衡发展督导评估工作报告[R]2017.

15.8%。近四年全国交流教师校长185.06万人,其中2013—2015年交流教师校长133.6万人,2016年交流51.5万人;全国近四年交流教师校长中,音、体、美、科学信息教师22.4万人,占交流教师校长总数的12.1%。从县的类别来看,2016年之前实现基本均衡的巩固县四年来共交流教师校长95.5万人,2016年达标县新交流38.6万人,未达标县交流50.9万人;音、体、美、科学信息教师分别占三类县交流教师校长总数的12.6%、11.6%、11.5%。

(3)加大教师培训力度,提高教师队伍质量。

肇庆市端州区每年投入继续教育经费超过200万元,近三年共派出约3万人次参加各级培训,与高校合作开展的师资培训超过640多人次。福建省"十二五"期间投入3亿元,完成对农村校长教师全员培训;"十三五"期间,又启动实施乡村校长助力工程和乡村教师素质提升工程,拟对全省8.5万名乡村教师和校长全员培训,其中省级财政拟投入1亿元,培训乡村校长4千名、乡村教师1万名。河南省三门峡市陕州区推出基于教师专业需求的"菜单式、订单式"培训模式,建立了10个教育教学实践基地,实现教师培训形式的"六结合"。四川省威远县通过网络平台提供"名师菜单",让每位老师自主择师,提升培训实效。湖北省通山县开展"联校走教""联校网教",实现了城乡教师互动交流和优质资源的共建共享。江西省上饶县积极推进教师本土化培养工程,通过5年的努力,为全县112个教学点均定向培养了1名师范生。

二、县域义务教育均衡发展的主要问题

(一)高速城镇化带来新挑战,教育资源配置尚不能适应人口流动需要

近年来,我国城镇化进程一直呈现加剧的局面,有大量的农村劳动力涌向了城市,由此产生了教育人口的流动。由于不能及

第四章 县域义务教育均衡发展的政策评估

时应对城镇化进程与义务教育规划布局的有效衔接,再加上部分地区的城镇化进程出现了突击、冒进、无序等现象,从而产生了城镇教育资源过度紧张以及农村教育资源闲置的问题。

当前我国正面临着义务教育人口城镇化率远远高于城镇化水平的问题,义务教育人口的增加速度也远远高于人口城镇化率。大量农村人口也进入了城市,城市中的学校承担的受教育人口也急剧增加,再加上土地等资源的限制和经费、教师编制等方面的影响,城市中学校教育资源也日趋紧缺。与之相应的是,农村人口逐渐减少,同时存在撤点并校过快的情况,导致部分农村校舍被闲置,农村教育资源无形中被浪费。

(二)部分地区教学设备和生活条件存在较大缺口,城乡差距仍然过大

目前,我国义务教育"内涵式"均衡发展的任务还十分艰巨,还不能全面实现每所学校都达到国家办学标准的目标。虽然农村学校生均校舍的面积高于城市水平,但在教学设备、课程教学、生活条件等方面与城市水平相差甚远,城乡学校的差距较大。

造成上述县域义务教育办学条件不均衡现状的原因是多方面的。首先,区域内经济社会发展不平衡。经济发展水平对义务教育均衡发展有非常重要的影响,甚至起到了决定性的作用。在同一县域内财政匮乏的乡镇,教育水平也相对落后。一般来讲,农村拥有较低教育水平的人,其经济收入也相对较低。而教育又具有代际传递的作用,反过来这种落后的教育水平又进一步加剧了农村地区的再度贫穷。其次,"重点学校"倾斜的价值取向。由于我国实行"以县为主"的义务教育管理方式,这就势必对一些经济不发达县造成财政压力,使这些县区政府对教育的投入有心无力,在有限的财政状况下,不能保证兼顾每一所学校,县政府只能牺牲农村义务教育,将有限的教育资源和财力投入到城镇的重点学校和中心学校。

(三)县域义务教育学校教育质量差异显著

义务教育学校办学条件、师资力量的不均衡,导致县域义务教育学校教育质量也存在较大差异。虽然当下我国义务教育的整体普及率在逐步增加,但是城乡学生间教育质量的差距也在逐步扩大。

义务教育阶段学生学业成绩的差异。2017年发布的《中国农村教育发展报告》显示,进城读书的农村小学生学习成绩比未进城读书的小学生要好,但比县城当地小学生的学习成绩要差。超过一半的家长表示,如果城乡教育质量相同,更愿意将孩子留在农村读书。由此可见,随着义务教育学校教育质量差距越来越明显,人们对"优质资源"的需求不断提高,家长们也更倾向于将自己的孩子送到城镇或者发达地区接受教育。

义务教育阶段学生升学率的差距。升学率的高低一定程度上反映了教育质量的好坏。在小学升初中义务教育阶段过程中,市区学校多到县区挑选优质生源,县区学校多在乡镇学校挑选优质生源,而农村学校优质生源则是"只出不进",长此以往,便陷入城镇学校"优中选优",农村学校"劣中汰劣"的怪圈中。

造成农村学校教育质量难以提高的原因主要有:一是地方政府重视不足。由于受诸多主观因素和传统观念的影响,一些地方官员政绩观错位,他们认为投资教育是一项长期的工程,无法在短时间内见效。因此,地方政府则采取"重经济轻教育"的发展理念,乡政府忙于抓经济,对教育办学的管理则少之又少,不少地区甚至出现挪用义务教育经费的现象。同样,在他们看来,农村义务教育投入也不如城市义务教育投入见效快,因此,将有限的教育资源更多地投入到城区学校,一方面可以快速提高升学率,另一方面更能体现地方政府在管理义务教育过程的政绩。然而这些"政绩"背后,是以牺牲许多偏远农村学生享受优质教育的机会为代价的。二是农村教师教学经验老化。一方面,农村教师相对于城市教师学历普遍偏低,并且相当一部分教师并非师范教育出身,他们对先进的教学理念和教学方式把握不深,进而影响了教学效果。另一方面,农村教师"走出去"学习先进教学经验的机会屈指可数,因此,无法"引进来"先进的教学方法。通常情况下,教师都是多年如一日地重复着固有的教学方式,教育质量自然难以提高。

本章小结

教育政策评估是教育政策发展过程中一个必不可少的环节,它应该贯穿于整个政策过程。只有通过对教育政策进行评估,才能对教育政策的价值、目标是否完成、政策是否该继续执行、修改或终结做出准确的判断。特别是我国社会正处于具有发展意义的转型期,教育政策要根据社会、经济、文化的发展要求及时做出调整,才能保证自身的合理性,有效指引教育改革。

第五章 政策引导：健全义务教育均衡发展的政策

当教育成为人们的希望和依托，教育非均衡发展的问题和隐患越来越凸显的时候，当教育公平、教育均衡发展的理念正在深入人心、成为全社会共识的时候，同样也到了将均衡理念纳入教育政策重点范畴的时候。制定政策应遵循的基本原则是公平原则，其次是保护弱势群体原则。农村义务教育相对于城市义务教育而言，属于有失公平和相对弱势的教育，国家应从政策的角度进行引导，给予倾斜。

第一节 政策体制对县域义务教育均衡发展的制约

政策和体制具有导向性和决定性。任何事业的发展都是在政策体制范围内的发展，是政策体制的反映和体现。我国地区之间经济发展的不平衡，实际上就是我国在经济领域实行的非均衡发展战略的必然结果。

从教育发展的外部环境看，我国在义务教育资源配置方面存在的区域、城乡、校际差距，与我国区域经济社会发展存在的巨大差异和城乡二元社会结构有关。从教育发展的内部环境看，其与我国长期坚持的城市优先的教育资源配置政策和因重点学校制度有关。上述政策是在区域经济社会发展极端不平衡、城乡二元社会特征突出、国家教育资源极度短缺，而经济社会发展又急需

第五章 政策引导:健全义务教育均衡发展的政策

各级各类人才的形势下作出的选择。当我国教育经过30多年的改革和发展,基本解决了"有学上"的难题之后,广大人民群众对城市优先的教育资源配置政策和因重点学校制度导致的教育差距过大问题日益不满。

2005年5月,教育部印发了《关于进一步推进义务教育均衡发展的若干意见》,着重强调:中央财政加大对中西部地区的义务教育投入。省级政府要加强统筹,加大对农村地区、贫困地区以及薄弱环节和重点领域的支持力度。"改善教师资源的初次配置,采取各种有效措施,吸引优秀高校毕业生和志愿者到农村学校或薄弱学校任教。对长期在农村基层和艰苦边远地区工作的教师,在工资、职称等方面实行倾斜政策,在核准岗位结构比例时,高级教师岗位向农村学校和薄弱学校倾斜。"2005年12月,《国务院关于深化农村义务教育经费保障机制改革的通知》以来,我国始终强调对农村教育、贫困地区、薄弱学校在教育资源配置方面的倾斜与扶持。《教育规划纲要》指出:"把促进公平作为国家基本教育政策,重点是促进义务教育均衡发展和扶持困难群体,根本措施是合理配置教育资源,向农村地区、边远贫困地区和民族地区倾斜,加快缩小教育差距。"无疑,这些政策突出强调了在教育资源的增量方面,要着力向农村地区、薄弱学校倾斜,这就是教育资源配置的"增量补短板战略"。

2010年,《国家中长期教育改革和发展规划纲要(2010—2020年)》强调:"义务教育是国家依法统一实施、所有适龄儿童少年必须接受的教育,具有强制性、免费性和普及性,是教育工作的重中之重。"均衡发展是义务教育的战略性任务,建立健全义务教育均衡发展保障机制,推进义务教育学校标准化建设,均衡配置教师、设备、图书、校舍等各项资源。这揭开了我国实施九年义务教育的新篇章——从着重于教育机会的公平走向教育资源配置的公平。

第二节 政府行为对县域义务教育均衡发展的作用机理

根据政府行为相关理论,推进县域义务教育均衡发展首先是政府行为。政府作为义务教育的提供主体,无疑在义务教育均衡发展进程中起着重要的主导作用。政府确立什么样的执政理念,选择什么样的执政方式,对县域义务教育均衡发展产生着重要的影响,具体来讲有以下方面。

一、政府是县域义务教育均衡发展战略的规划者

从新中国成立以来的义务教育发展历程可以看出,政府是影响义务教育均衡发展进程的一股重要力量,传统时期的大起大落和曲折发展主要受到政府行为的影响和支配。基于计划经济体制管理的需要和城乡现实分割的状态,个别地方政府对义务教育中市场力量的态度长期以来一直是"堵"而不是"疏",这种做法损害了义务教育应该有的速度和效益,使得义务教育水平显著低于同等人均收入国家。时至今日,对义务教育战略的探索仍然没有摆脱计划经济的思维模式。个别地方政府官员仍然习惯于按照自己的意志人为地去"安排"义务教育工作,领导的偏好对推动义务教育均衡发展过程中各项制度的替代、转移和交易起着十分重要的作用。近几年,地方官员出于政绩的需要,纷纷将义务教育发展摆在显著地位,有的甚至出现了超出能力范围的举措,通过一系列行政手段不计成本地推进学校布局结构调整,漠视义务教育发展规律,导致虚假均衡发展现象的滋生,引发了一些社会问题。实际上,20世纪80年代以来义务教育的发展状况表明,发展义务教育不能一味地依赖计划手段,以决策者的个人偏好来"一

厢情愿"地指定义务教育的发展方向和道路。因此,实现县域义务教育均衡发展,政府必须明确其规划者的责任。

二、政府是县域义务教育均衡发展制度的提供者

制度是政府行为优化的关键环节,政府行为存在的种种问题无一不与制度联系紧密,在当前县域义务教育均衡发展进程中,制度对于义务教育均衡发展的作用尤其重要。从政府职能变迁的角度来看,当前我国政府的职能已经由直接管理人、财、物向间接调控和提供制度供给转变。这种转变意味着政府已经由无所不包的"全能型政府"向"有限型政府"转变。职能的转变势必带来政府行为方式和内容的更迭。具体到县域义务教育均衡发展进程来说,其政府行为的作用主要体现在首先需要建立和完善推进义务教育均衡发展的制度政策体系,而提供这一体系的主体是政府。换言之,提供义务教育均衡发展的政策供给,是政府推进县域义务教育均衡发展进程中的基本职能和主要行为方式。同时,政府作为县域义务教育均衡发展进程中制度的垄断提供者,也是实现制度创新的单一主体。政府为县域义务教育均衡发展进行着全面的制度安排,包括义务教育投入制度、师资队伍建设制度、学校布局制度、教育质量监控制度等。

三、政府是县域义务教育均衡发展进程的推进者

从我国义务教育均衡发展的现实来看,县域义务教育均衡发展主要是通过各级政府的力量来推动的。这种方式是一种自上而下的外部式的推动,依靠的是行政命令。在这一进程中,政府处于强势地位,其行为具有强制性、单向性。没有政府行为的推动,县域义务教育均衡发展很难取得实效。政府推进县域义务教育均衡发展进程完全是通过逐级的政策制定来实施,具体来讲,中央政府处于统领地位,主要是制定全国性的义务教育均衡发展

的相关法规政策;地方政府按照各级政策的管理权限分别做好各自的推进工作。其中,县级政府是县域义务教育均衡发展进程的主要推进者。作为县域义务教育均衡发展的执行者,政府主导在短期内能够使义务教育得到一定的发展,义务教育发展水平有所提高。但总体来说,政府既当县域义务教育均衡发展的"裁判员",又当"运动员"的双重身份,使得政府在县域义务教育均衡发展政策制定和实施上,一方面很难保持应有的独立性和客观性,越俎代庖的行为时有发生;另一方面也导致县域义务教育的发展速度与发展质量不能同步。因此,如何落实好政府的推进者角色将是县域义务教育均衡发展进程中政府行为的重要内容。

四、政府是县域义务教育均衡发展成效的考核者

按照我国目前义务教育均衡发展的相关制度安排,县域义务教育均衡发展状况的检测与评估,最终要由政府的各级督导部门来组织和实施。政府通过颁布县域义务教育均衡发展指标体系、建立考核制度、健全考核组织体系、完善问责机制等来实现对县域义务教育均衡发展政绩的考核与评估。从此方面的现状来看,教育部于2012年1月20日印发了《县域义务教育均衡发展督导评估暂行办法》,建立了相关指标体系及实施办法,经过近几年的发展,基本上形成了一套较为完整的操作机制,也极大地推进了此项工作的进展,但在考核的科学性、规范性、精准度上还需要进一步提升。从目前考核的实际情况看,政府行为的考核、上级政府对下级政府的考核多数还是采取目标责任制考核,这种考核方式虽然具有一定的科学性,但存在的主要问题是结果有很大弹性和不确定性。对义务教育均衡发展的评定亦是如此,表现为注重数量规模效益,而忽视了教育本身效益的考核与评估。考核义务教育均衡发展的实施效果和评估政府行为,不仅要看义务教育规模的增长,更要看义务教育的质量,即县域内的所有人群是否享受到了基本均等的优质义务教育。不仅如此,目前对县域义务教

育均衡发展进程中的绩效的考核是一种"封闭式"的评估,缺乏舆论和社会公众的监督,因此,很难保证客观公正,难以达到敦促政府部门提高绩效的目标。

综上所述,政府行为作为影响县域义务教育均衡发展的一个重要变量,发挥着关键的、不可替代的作用。

第三节 县域义务教育均衡发展进程中政府行为优化的具体策略

义务教育的优质均衡,不仅是一个关系到教育公平的现实问题,更是一个关系民生领域的政策问题。政府作为义务教育优质均衡发展的主体,在政策的制定、实施、执行与评估当中起着主导作用。各级政府在义务教育优质均衡发展方面必须强化主体责任,创新政策体系,加强政策执行过程中的主导,增强政策的针对性和实效性。

一、国家层面应进一步完善义务教育优质均衡发展政策体系

义务教育优质均衡发展在新时代教育发展中起到关键作用,是亟须实现的重要目标,涉及千家万户的根本利益,理应受到党和国家的重视。当前,从国家层面政策看,出台的《县域义务教育优质均衡发展督导评估办法》对于如何推进义务教育优质均衡发展做了安排部署,但这一政策体系还不够全面和完善,政策的内容只是原则性的,很难顾及全国层面,为此建议:

第一,国家层面应该对义务教育优质均衡发展出台相关的配套政策,完善政策体系。建议国家应该更好地完善义务教育优质均衡发展政策体系,制定相应的法律法规及规章制度,加大教育投资力度,针对乡村偏远地区、山区的中小学办学条件差的问题,

主抓弱项，争取能够达到一个"头部稳定发展，尾部迅速跟上"的发展状态。与此同时，增加地方主政者的参与感和体验感，在工作方法上更加注重实地调研与深入访谈，通过"亲身体验，亲自感悟"，从政策资源的角度出发，解决教育经费与师资资源两大难题。

第二，进一步明确各级政府的责任。对于优质均衡县的评估认定工作，应该明确不同层次政府的职责，严格按照"县级政府强化自查工作、市级政府做好复核工作、省级政府统筹评估工作、国家督导落实认定工作"的程序，切实履行好不同层次政府的责任申报工作，要充分利用现有的数据平台，采取网上申报、网络评估和实地核查相结合，按照评估的标准和评估内容要求，做到精准有效。一般说来，县级政府在进行优质均衡申报过程中，先要对自身的均衡状况进行自评，确保相关指标达到要求后，再申请市级人民政府进行复核。在申请复核的过程中，县级政府要将相关的自查自评报告、《优质均衡发展县申报表》、部门在推进义务教育优质均衡发展过程中相关的政策文件进行汇编。而市级政府在接到县级政府的复核申请后，要予以重视，及时对县级政府的各项内容进行督导复核。复核过程中，要坚持真实有效、客观准确的原则，对存在问题的地方及时提出整改要求。当县级政府整改后，再进行复核，复核达标后，才能向省政府教育督导委员会办公室报送材料。省级政府对于申请认定的县一定要严格按照国家评估内容、评估标准、评估程序进行核查，对于优质均衡的校际差异系数进行反复核算，重视社会认可度的调查与评判。省级督导评估过程中，评估结果要经受社会的公示与检验，对于存在异议的县予以重新评估审核。只有在公示无异议后，才能按照相关程序报送给国务院督导委员会进行评估认定。

第三，完善政府官员考核制度。政府行为往往是通过政府工作人员特别是官员体现出来的，因此，对于政府官员行为的激励与规范就成了县域义务教育均衡发展进程中政府行为优化的重要任务。政府应结合义务教育均衡发展实际，科学制定干部选拔标准。在选拔教育行政官员方面,不仅要考察其思想政治水平,还要考察其教育情怀;不仅要考察其行政视野,还要考察其教育视野;不仅要考察其政治能力,还要考察其业务能力;不仅要考察其行政能力,还要考察其教育能力,努力提升官员驾驭义务教育均衡发展的能力和水平。通过举办行政干部义务教育均衡发展高级研修班、论坛以及挂职等方式,转变教育行政干部的观念,提升推进义务教育均衡发展的能力。总之,在教育行政干部选拔中,尽量避免当前教育界普遍存在的"外行领导内行"现象的发生。

义务教育均衡发展是一个长期的动态过程,需要不懈地努力,我们必须对县域义务教育均衡发展的长期性和艰巨性有充分的认识。首先,应实现底线的基本均衡;其次,在实现底线均衡的基础上,通过实施内涵提升工程,实现优质均衡发展;最后,在优质均衡发展的层次上,通过实施个性化教育等方式,实现高位均衡发展。因此,义务教育均衡发展是一个从"基本均衡—优质均衡—高位均衡"的不断提升的过程,最终目标是实现高质量的个性化的均衡发展目标。

二、省(市)级政策层面提高政策执行的统筹能力

省级政府作为义务教育优质均衡发展的地方一级最高政府,在贯彻国家政策、加强省域内优质均衡发展方面发挥着重要作用。作为省级政府,应当自觉按照国务院办公厅等引发的通知要求,履行好自身在推动本省义务教育发展过程中的职责,切实尽好自身的责任,做好经费投入、办学行为规范、提升教育质量方面的责任。

一是经费统筹问题。对于义务教育经费投入,省级政府要予以高度重视,有效保障投入的数量与力度。根据义务教育的准公共产品特性,政府是经费投入的关键主体,是总揽义务教育优质均衡的"第一人",必须按照国家的相关规定,保障教育经费"三个

增长"的足额拨付。对于教育经费拨付不到位的政府,在其年度考核的过程中,可以采取"一票否决"的形式,使其承担一定的责任。对于经济薄弱的县域,要力争实现区域的动态均衡。做好经济实力评估和教育承载的测算工作,对于达标有困难的地区,要予以合理的协调与精准的对口支援,确保总体投入的达标与增长。与此同时,经费的监测也是不可或缺的一部分。各地教育经费要及时向社会公开,在当地的新闻媒体上予以公布,并定期征求第三方和社会群体的意见,实现社会的共同监督。第三方评估机构根据当地教育经费的投入情况,及时对政府提供建议,确保政府和群众之间的意见能够及时传达,最后,政府不仅要"节流",还要积极创新资金投入,适当"开源",为吸纳民间资金的进入不遗余力。

二是要建立优质均衡发展结果使用机制。优质均衡发展结果是考核县级政府教育努力程度的重要依据和参考,理应发挥其奖惩的作用。对按督导评估计划通过的优质均衡县,省级政府应当给予及时的表彰,同时在省级主流媒体予以通报。而对于未按照规划要求通过国家评估认定的县或市,要进行及时问责。对于在评估过程中存在虚假谎报或是伪造材料的县域,要对其进行严肃处理,并取消当年的认定资格,并在今后的申报过程中予以重点关注。

三是提升政府法规政策执行的有效性。必须通过对政策执行能力的系统改造,建立具有法律约束力的制度化和规范化的长效机制。要明确各级政府在义务教育均衡发展中的权力与职责,对于公民而言,适用"法无禁止则为自由"的原则,但是,对于政府而言,应适用"法无授权则无自由"的原则,以免政府权力的滥用或者异化。

四是建立优质均衡发展复查制度。复查制度对于规范义务教育优质均衡的长远发展具有重要意义。在大数据时代,优质均衡发展的监测可以利用各种数据资源进行实时动态监测,发挥科研机构和第三方评估的作用,建立监测体系,定期发布监测报告。

一旦发现督导复查不合格、不达标,均衡程度下降,监测指标严重下滑的县,应及时予以警告、问责和追责,限定时间进行整改。对连续两年整改仍不达标的县,在政府履行教育职责的评价考核中予以问责,并追究相关人员责任。

五是加强和完善本地区义务教育均衡发展相关法律法规的研制工作。从国家政府层面来讲,要随着义务教育均衡发展的不断推进,与时俱进地研制全国性的义务教育均衡发展的宏观性、指导性和原则性的政策法规和发展规划,以引导、指导和规范各级政府推进义务教育均衡发展。省级政府层面,应紧紧围绕国家层面的相关政策法律与教育部签署义务教育均衡发展备忘录的相关任务等开展地方性法规建设,研制完善相关地方性法规,确保义务教育均衡发展备忘录确定的目标任务如期实现,确保国家各项政策法规在本省的有效"落地"。同时省级政府层面还要超前谋划本区域未来义务教育均衡发展的目标任务、技术路线以及条件保障等工作,确保义务教育均衡发展得到持续推进。对县级政府来讲,就是要在国家现有法律法规的框架下和范围内,结合义务教育均衡发展的相关要求以及当地的实际状况,科学制定落实上级有关精神的实施方案和细则等,使县级政府的权力边界进一步明晰,政府行为的价值取向更加清晰,政府行为的可操作性更强。

三、县级政府要做好优质均衡发展政策的实施与自评工作

县级政府是优质均衡发展政策的重要实施者,在义务教育优质均衡政策执行过程中,要严格履行好自身的主体责任,做好相关资源的配置工作。一是做好分配教师资源的工作。优质的教师资源是义务教育优质均衡发展的重要执行主体,没有充足、稳定、高素质的教师队伍,义务教育优质均衡发展相关政策"落地"就成了无源之水,无本之木,根本无从执行。要配置好教师资源,

可从以下两个方面着手:其一,统筹教育系统编制,优先考虑义务教育阶段的教师编制需求,最大限度地实现教育系统内编制的灵活使用,确保县域内教师数量供给的充足。其二,创新各类学校的编制配置机制,最大可能地置换教学辅助、行政后勤、技术保障等岗位,提高编制的使用效能。二是严格按照指标体系,做好资源配置的自我评估。三是要做好政府保障工作的自我评估。县级人民政府依法履职的15项指标均要达到要求。四是要做好教育质量自我评估,义务教育普及程度、学校管理水平、学生学业质量等9项指标均要达到要求。五是要做好社会认可度调查,通过问卷调查和走访座谈等形式,确保社会认可度要达到85%以上。

四、加强政策执行过程中的督导检查和评估工作

义务教育改革发展的主体责任在县级人民政府。义务教育的各项政策在执行过程中的效果究竟如何,则主要取决于县级人民政府能否立足当地实际,坚持问题导向,真正把影响和制约县域内义务教育优质均衡发展的瓶颈问题和突出矛盾搞清楚,并采取有效的措施整改落实到位。在全面总结和学习借鉴国家对全国义务教育发展基本均衡县(区)进行评估认定的基础上各地在推进对县域义务教育优质均衡发展政策执行过程中应加大督导检查力度,确保把创建的压力和责任层层传递到县(区)。一是各县级人民政府严格按照国家义务教育优质均衡标准进行自查自评,在自评达标的情况下向市级人民政府申报,接受市级政府的督导评估,指出存在的突出问题,并提出整改要求,不断完善提升。二是市级人民政府对创建申报的县(区)督导评估达标后,向省级人民政府推荐申报,准备接受省级督导检查和评估。三是省级人民政府按照申报市的请示事项,组织专家组对市级推荐申报的县(区),采取逐校实地督导检查,重点对创建县(区)义务教育优质均衡发展过程中存在的主要问题和倾向性问题逐条列出问题清单,建立问题台账,并专门下达整改通知,提出明确要求,直

至创建县(区)的问题整改落实到位并达到国家义务教育优质均衡发展标准后,由省级人民政府向国家正式提出申请,并协助配合国家赴我省进行实地督导检查和评估认定,待全部项目达标并一致通过后,创建县(区)则被国家发文命名为全国义务教育发展优质均衡县。

第四节 县域义务教育均衡发展的政策创新

一、义务教育课程资源均衡的政策调控

众所周知的一个经济学常识是教育作为一种准公共产品,其所需资源主要是政府通过行政手段配置的。造成课程资源配置不均衡的一个重要原因是政府资源配置的政策。可见,政策调控是造成课程资源不均衡的重要原因。所以对课程资源的政策支持是使其均衡的至关重要的一环,这是毋庸置疑的。

多年来,我国义务教育实行的是"国务院领导、地方政府负责、分级管理、以县为主"的管理体制。在这一体制之下,中央和省政府掌管主要财力,但不负担义务教育的财政责任,县乡财力薄弱,无法承担义务教育的筹资,导致义务教育经费匮乏,有限的经费也投入到城市学校中去,最终形成了如今城乡课程资源不均衡的局面。我国当前的教育体制基本上是单线的委任制,部门主管对直接上级负责,导致对政绩的追求愈演愈烈。如此一来,教育行政部门单独掌管教育评估权力,缺乏第三方的监督保障作用。这种体制容易导致教育行政管理的不均衡化。

课程资源不均衡最为直接的原因是经费投入的不均衡,因此完善课程资源经费投入机制至关重要。

(一)完善课程资源经费投入机制

义务教育是政府公共服务的重要组成部分,是公共财政的重要职能,而课程资源又是义务教育中的一个重要构成部分,所以课程资源的均衡配置是确保义务教育均衡发展的关键所在。有关政府部门和财政应采取制度和政策缩小义务教育课程资源在区域间、城乡间、学校间、群体间的差别,推进义务教育课程资源的均衡发展,建立课程资源经费投入机制,并由专人负责课程资源的经费投入。国家和政府有关部门要定期对软硬件课程资源使用需求进行监测,确立统一、明确、公平的分配原则,使课程资源的开发和利用有稳定的经济支持,无后顾之忧,并能实现均衡发展。

(二)完善课程资源政策执行保障机制

教育均衡发展的政策赋予的权力、内容只停留在了宣传层面,并没有在实践中展开,政策执行者成为了旁观者。政府必须建立政策执行的保障机制才能使政策真正发挥作用。法律保障和监督机制是解决这一问题的必然途径。

课程资源经费在分配过程中如果没有相关法律的约束,很容易出现分配原则、数量都由领导人的意愿主观来决定的情况。如此,课程资源分配不均衡就不足为奇。只有完善教育法制进程,使课程资源分配有法可依,才能保证课程资源均衡政策得以实现;健全监督机制,随时纠正课程资源分配的偏颇之处,才能使政策能真正落到实处。有了法律保障和监督机制,课程资源均衡指日可待。

二、校本课程开发的政策调控

1999年6月,全国教育工作会议上明确提出"调整和改革课程体系、结构、内容,建立新的义务教育课程体系,试行国家课程、地方课程和学校课程"。这表明我国开始由单一的国家课程开发模式向"国家—地方—学校"三级分权的教育课程开发模式转变，也标志着校本课程在我国义务教育宏观课程体系中地位的正式确立。我国校本课程的兴起是教育改革的结果，这决定了校本课程的整个过程都不离开教育政策的支持与指导。

(一)建立校本课程开发研究机构

我国教育研究对校本课程的关注开始于20世纪90年代中期，直到2001年新课程改革建立国家、地方、学校三级课程管理机制，校本课程开发才渐渐开始成为教育研究的焦点问题之一。因此，校本课程开发在我国仍处在初始阶段，很多教师、学校管理者甚至研究者对校本课程开发的认识还不够深入、全面。只有对校本课程开发的主体、对象、过程进行更明确、更具体的解读，才能使校本课程开发得到更广泛的推广。因为这种现象在我国大部分地区是普遍存在的，所以政策的引导和推动是必不可少的。通过国家政策来确立校本课程开发研究机构的合法地位是推动校本课程开发的必由之路。

通过政策的强制和约束，各地建立校本课程开发研究机构，组织专业的研究队伍对当地校本课程资源进行实地调查研究，从而使校本课程开发的主体、对象、过程明确化，如此才能使各级各类学校的校本课程开发蓬勃发展，并能突出自己的特色。

(二)建立校本课程开发评价机制

没有激励就没有动力，在校本课程开发过程中也是一样。长期受到考试制度的限制，学校的各种考核评估都是围绕学习成绩和升学而进行。即使存在校本课程，也由于其不是升学的考试科目而不受重视，成为边缘学科。

建立校本课程开发评价机制就是要将校本课程加入到学校的绩效考核中去。绩效考核是指通过一定的方法和客观的标准，对学校办学过程及其行为结果所取得的成绩和效果的综合评价，是教育管理部门对学校实施科学管理的重要内容及基础性工作。有效的绩效考核制度可以约束、激励、指导并充分调动学校主发展的积极性、创造性,实现办学思想,提高教育质量,保障可持续发展。校本课程成为学校绩效考核的一部分,才能引起学校的重视,把校本课程开发落到实处,提高校本课程在学校课程中的地位。

(三)建立校本课程开发合作机制

目前,中小学校本课程开发还处于初始阶段,经验不足,理论基础不足,各中小学之间,中小学与大学之间,中小学与科研机构之间的合作互助显得尤为重要。政府要在政策中明确他们之间互助的责任和义务,并制定轮流结对互助的规则和期限。

我国校本课程开发虽起步晚、发展慢,但还是有一部分学校在校本课程开发过程中积累了一些很好的经验。同级学校之间的沟通交流、资源共享能使各校之间取长补短共同进步。中小学校本课程开发需要理论指导,而大学研究者们和科研机构需要实践、调查支持研究,他们之间互助合作,才能使校本课程开发理论和实践并肩前行。

三、生源均衡的政策调控

在教育均衡的诸多因素中,生源均衡始终是核心和关键,是衡量学校、教育是否均衡发展的风向标。一方面,生源配置的均衡能促进学校发展的均衡;另一方面,学校发展的均衡又反过来促进生源的进一步均衡配置。生源配置公平公正,自然不会再出现择校热。中小学生源失衡主要有两个方面:城乡学校不均、强弱学校不均。由于国家计划生育政策导致生源人数下降,相应的农村学校的数量和质量也在减少,再加上城乡一体化的进城加快,农村生源大量向城市涌入。城市的中小学校教学质量的差异,出现强弱学校之分,导致生源纷纷向强势学校转移。要解决这一问题,除了加大农村课程资源经费投入之外,还要从以下三个方面进行。

第五章 政策引导:健全义务教育均衡发展的政策

(一)落实城乡教育一体化

城乡教育的现实差距决定了我国应奋力推进城乡教育一体化,唯有此举才能减缓农村中小学生源流失的速度,才能促进农村教育的发展。《国家中长期教育改革和发展规划纲要(2010—2020年)》明确指出要"加快缩小城乡差距,建立城乡一体化的教育发展机制"。但是,这一政策并没有得到落实,城乡教育仍存在区别对待、差异管理的现象。政府所要做的就是扎实落实这一政策,建立起城乡教育一体化的管理机制,使教育资源得到统一同等分配,以提高农村学校的教育教学质量,从而吸引更多生源,缩小城乡生源差距。

(二)落实废除重点校制度、免试就近入学制度

2005年5月出台的《教育部关于进一步推进义务教育均衡发展的若干意见》中明确了:"义务教育阶段公办学校不得举办或变相举办重点学校";2006年9月修订的《中华人民共和国义务教育法》也明确规定:"县级以上人民政府及其教育行政部门应当促进学校均衡发展,缩小学校之间办学条件的差距,不得将学校分为重点学校和非重点学校,学校不得分设重点班和非重点班"。在义务教育阶段,小学划片招生,初中就近免试入学,这是能提高资源利用效率、体现教育公平的办法,教育行政部门要坚持这一方向,积极地加以推进。

虽然已有方针政策,但在现实中义务教育重点校、重点班现象仍普遍存在,如想彻底落实此政策需要多方面共同努力。一方面,要从升学制度改革着手,使分数不再是评价学生的唯一标准,大力发展素质教育;另一方面,高中招生名额实行城乡各学校平均分配。这两项政策如能得到长期执行,必将引导义务教育生源的流向,逐步遏止义务教育阶段的择校倾向,改善农村和薄弱学校的生源数量和质量。

四、教师资源均衡的政策调控

(一)快速提高教师的各项待遇,提升教师的社会地位

荀子曰:"国将兴,必贵师而重傅;贵师重傅则法度存。国将衰,必贱师轻傅;贱师轻傅则人有快,人有快则法度坏。"由此可知,尊师重教,事关国家的兴衰存亡,正所谓"少年强则国强"。义务教育阶段的学生正值价值观的形成时期,教师对他们各方面的影响与他们对教师所形成的印象必然会对其以后的人生产生深远意义。

第一,政府必须提高教师的工资待遇和津贴补助,尤其是农村教师工资本来就比城市低,有时又没有按时发放,这将会直接影响农村教师工作的热情和积极性。由于农村教师的收入普遍较低,尤其近些年来的打工热潮,农村人民心中"读书无用论"的教育观念越来越严重,农村教师在农村的社会地位并不高,没有以前那么受尊敬,话语权也降低了,因此很难留住年轻的优秀教师。

第二,政府应该提高教师的福利待遇,如教师的医疗保险、住房问题、职业培训和再继续教育等,特别需要说明农村教师的住房问题,好多老师住宿条件简陋,无自己房子,更不要说有冬天取暖、夏季降温的硬件设施了。

第三,政府有关部门应制定法律,对提高教师工资、福利待遇等方面予以保证并落实,对于农村教师的工资应该和城市教师的工资相一致甚至高于城市,从而更好地调动农村教师的积极性,进一步缩小城乡差距。

(二)优化城乡教师队伍结构,建立城乡教育共同体

政府部门应该制定相应措施鼓励并引导优秀教师到农村任教、支教,同时建立城乡教育共同体,开展城乡教师的流动互助学

习,帮助农村地区的教师提高自己的教学技能和知识水平,更新自己的教育观念,促进城乡教师的交流合作与资源共享。例如,法国政府为鼓励教师到条件艰苦的地区任教,政府还采取颁发奖金、提高工资级别等措施,同时将教师纳入国家公务员序列管理,从根本上保障了教师的权益,使收入在多种行业中居中上游水平,与工程师、会计师等大体相当,充分调动了老师从教的积极性。我国政府可以制定奖励措施鼓励优秀教师、高学历教师、城市教师到农村地区任教,提高工资标准并给予相应的住房和生活补贴。对于大学毕业考上特岗教师的应届毕业生,政府部门更应该想办法留住这些年轻的师资力量,应提供多种渠道的进修培训,从而提高农村的教育质量和教育活力。

五、硬件设施均衡的政策调控

(一)加大财政投入,全面支持农村学校硬件设施建设

义务教育课程资源能否均衡发展的关键点在广大薄弱的农村地区,相关政府部门应该加强对这些资源短缺地区及其学校的财政投入比重和补偿,例如,可以设立农村义务教育专项基金,优先发展农村学校中更加贫困地区的学校,以达到先进带后进,并通过制定《农村义务教育法》来辅助等,重点支持和发展农村薄弱地区的义务教育课程资源硬件设施建设,尽可能缩小城市学校与农村学校的课程资源差距。

(二)优先推动农村地区硬件设施标准化建设

推动农村地区硬件设施标准化建设,有如下建议:
①有关政府部门应该在每年的财政支出预算中,优先考虑到教育,设立用于农村义务教育的专项基金,根据贫困等级制定相应基金标准,优先帮助建设农村学校课程资源的硬件设施。可以根据中小学所在村镇的具体情况和学生人数,为每所学校建立相

应规模大小的图书馆、电子阅览室、实验室、美术音乐专用教室、操场和业余活动中心等,满足学生对课外知识的渴求,丰富学生的情感体验并促进其身心健康和谐发展,使他们从小就能养成爱学习、爱读书、爱知识、爱运动的好习惯。

②在日新月异的 21 世纪,政府要加快农村义务教育课程资源的信息化建设,实现城乡中小学教育资源共享。

③政府要逐年加大投入比重,对于农村义务教育阶段的硬件设施建设形成一套标准化的可操作的规模体系,进一步完善发展,逐步缩小城乡中小学课程硬件资源的差距。

本章小结

促进县域义务教育均衡发展已经成为我国基础教育改革和发展的战略任务,而推进县域义务教育均衡发展的政策要义是基于国家办学标准的义务教育公共服务均等化。推进县域义务教育均衡发展,既要充分发挥历史形成的优质教育资源的作用,实施"存量再分配"战略,更要正视我国区域教育、城乡教育、校际教育之间存在的教育资源配置差距,着力实施"增量补短板"战略。本章主要研究健全义务教育均衡发展的政策,探讨了政策体制和政府行为两个方面对县域义务教育均衡发展的影响,提出了县域义务教育均衡发展进程中政府行为优化的具体策略,最后提出了县域义务教育均衡发展进程中的新政策。

第六章　投入保障：保证义务教育均衡发展的经费投入

教育经费是教育发展的重要保障。在义务教育均衡发展的过程中，经费与学校办学条件、师资队伍等密切相关。因此，测度并分析义务教育办学经费的均衡是第三方评估的重要任务之一。义务教育生均财政性经费支出稳步增长，切实落实了《教育法》规定的"三个增长"和《纲要》"按在校学生人数平均的教育费用逐步增长"的要求。《纲要》实施以来，我国义务教育经费占全国教育经费的比例相对平稳。

第一节　经费资源的科学配置

义务教育公平是公认教育公平的基础性环节。为实现教育公平，各国采取了不同的途径和方式，通过制度建立、财政投入、资源调整等方式调整区域之间的差异，保障受教育者的基本权利。国际经验表明：义务教育具有典型的公共产品属性，因而政府是义务教育均衡发展的根本推动力量。各级政府通过承担不同的财政责任保证教育经费的均衡配置，并通过财政绩效评估和问责保证教育经费的合理使用。我国于1994年提出义务教育财政均衡问题。经过26年的政策推进，义务教育投资总量不断增加，义务教育经费拨款占GDP和财政总支出的比例明显上升。但是，由于区域之间经济等发展的不平衡性，教育发展出现了非均衡现象，因此，均衡发展是实现教育公平的必由之路。经费资源是物质资源和教师资源的保证,因此,义务教育经费的科学配置和有效使用成为了义务教育均衡发展的关键。

一、义务教育经费的基本属性及管理体制

关于教育经费,《教育管理辞典》中定义为:"教育经费是国家用于发展教育事业的费用,是国家预算支出的重要组成部分,是发展教育事业的重要物质保证"[①]。也有学者认为"教育经费是国家和各级政府部门的财政预算中实际用于教育事业的经费,以及社会各种力量和个人直接用于教育的费用"[②]。而义务教育经费即是用于发展义务教育的教育经费,既包括国家或政府用于义务教育事业的费用,又包括私人用于义务教育事业的费用。因此,义务教育经费的基本属性就是用于发展义务教育,保障义务教育实施的费用。

目前,我国义务教育经费的管理体制主要是"以县为主的管理体制",即实行县财政专户管理,资金额度分配到校,学校把握使用,县会计结算中心统一结算。

二、义务教育经费的拨款制度

按照《中华人民共和国义务教育法》第四十二条的规定,对于教育经费的界定如下:"国家将义务教育全面纳入财政保障范围,义务教育经费由国务院和地方各级人民政府依照本法规定予以保障。国务院和地方各级人民政府将义务教育经费纳入财政预算,按照教职工编制标准、工资标准和学校建设标准、学生人均公用经费标准等,及时足额拨付义务教育经费,确保学校的正常运转和校舍安全,确保教职工工资按照规定发放。"其中第四十四条

---

① 李冀.教育管理辞典[M].海口:海南人民出版社,1989.
② 孙绵涛.教育政策论:具有中国特色的社会主义教育政策研究[M].武汉:华中师范大学出版社,2002.

第六章 投入保障:保证义务教育均衡发展的经费投入

规定:义务教育经费投入实行国务院和地方各级人民政府根据职责共同负担,省、自治区、直辖市人民政府负责统筹落实的体制。农村义务教育所需经费,由各级人民政府根据国务院的规定分项目、按比例分担。

三、义务教育经费的分配指标

生均经费,在现实生活中,常常有两个主要义项,即它同时是"生均公用经费"和"生均教育经费"的简称。这两个义项均属于我国教育领域内的重要指标,外延上是包含关系,即生均教育经费包括生均公用经费。生均教育经费是在一定地区范围内(如某省、某市),按照当地的经济发展水平和教育发展实际,由政府制定的财政年度预算的依据,同时也是当地财政部门按照当地计划内在读学生数额向相关教育部门拨款的依据。因此,生均教育经费是义务教育经费的重要分配指标,义务教育阶段学生的生均教育经费也是衡量对义务教育投入增长的重要指标。

第二节 完善义务教育投入保障机制

"均衡发展,经费先行",国家正在进一步完善义务教育经费保障机制,为推动义务教育均衡发展保驾护航。目前,中央已经制定了农村义务教育阶段中小学公用经费基准定额,北京、福建等发达地区已经开始在城市和农村中小学执行统一的公用经费基准定额。

一、完善义务教育经费投入的法律保障

在法律层面上,义务教育均衡发展的经费保障由国务院统筹,通过县级以上人民政府具体落实。然而法律具有滞后性,实

际上在地方政府的效用函数中,政治稳定、经济增长是最主要的收益,教育支出虽然对社会经济发展有长期的促进作用,但短期内对于政治稳定、经济增长没有显著作用,所产生的经济收益也远远小于经济增长方面的支出。① 这使得地方政府必然会投入更多的资金到短期内看得见明显成效的政治稳定和经济增长中,而忽视需要长期投入的义务教育。要改变目前经费投入不足的现状,需完善地方官员职务升迁制度和变革义务教育经费分担方式。

(一)完善地方官员职务升迁制度,把义务教育均衡纳入考核标准

在过去较长一段时期,我国政府官员的政绩考核主要以 GDP 增速等经济指标为主,而相对忽视短期内看不见成效的文化和教育,对义务教育经费投入不足。要改变这种现状就需要改革并完善地方官员职务升迁制度,把义务教育均衡发展作为一个必要指标纳入考核标准。促进义务教育经费保障制度的完善,不仅仅需要通过法律法规对地方政府官员的考核标准进行完善,把义务教育均衡发展纳入政府官员的主要考核内容,更为重要的是需要通过建立健全政府追究问责制度,加大对义务教育均衡发展的实施力度,同时需要教育行政官员转变自身的政绩评价观念,树立科学、合理、完善的义务教育发展理念,从外部标准和内部信仰两个方面来保障地方政府官员对义务教育经费的投入。

(二)变革义务教育经费分担方式,建立以省级政府为主的经费体制

我国义务教育经费投入不足的一个非常重要的原因在于相关的文件中并未详细明确地规定各级政府的管理权限和与此相对应的具体投入责任,这就导致义务教育的权责严重不一致,中

---

① 袁连生. 我国政府教育经费投入不足的原因与对策[J]. 北京师范大学学报(社会科学版),2009(2).

第六章 投入保障：保证义务教育均衡发展的经费投入

央和省级政府的管理权力过多，但投入责任过少，使得地方义务教育的经费来源总量不足且不稳定。[①] 义务教育财政责任主要由县级以上地方政府承担，而中央和省级政府负担比较低。故而，必须改变这种义务教育经费分担财政体制，建立以省级政府为主的经费体制。

中央和省级政府集中了绝对部分的财政收入，而地方政府只有相对较少的一部分财政收入，既要发展经济，又要顾及医疗、文化等多个领域，对义务教育的经费投入相对不足。中央和省级政府只是在政策制定和标准要求等方面对地方发展义务教育做出宏观规定，对义务教育的经费投入较少。中央政府需要考虑全国的国防、外交、经济等方方面面的事情，相对于县级政府来说，中间的层级过多，故而不适合承担过多的义务教育经费责任，而省级政府则与县级政府地缘较近，对县级政府的财政收入、人口状况和教育发展等方面都比较熟悉。因此，变革以往以县级政府投入义务教育经费的财政体制，转为以省级政府负担为主、县级政府具体实施的义务教育投入体制，将使得义务教育的经费具有更好的法律保障。

二、建立城乡均衡统一的投资体制

现阶段推进农村的义务教育均衡发展最根本的东西是经费投入。对于县级政府来讲，单从经费方面说，义务教育就像一座大山一样压在头上，使他们喘不过气来，尤其是对于一些比较贫困的县市区，经费投入问题的确是摆在县域义务教育均衡发展面前的最为根本的问题。

解决义务教育经费投入问题，应从以下几方面入手。

第一，深化教育财政体制改革，统一教育的财权和事权。现行的教育财政体制，由于教育经费的预算等级较低，教育的财权

---

① 李晓菲．我国义务教育财政投入体制研究[D]．硕士学位论文．山东大学，2013：24．

属于财政、计划部门,教育的事权属教育部门,教育的事权和财权相分离,带来许多问题。

提高教育经费预算等级,将教育事业费和教育基本建设投资合并,由款级升格为类级;赋予教育部门对教育经费预算的编制权;将教育经费的分配权和管理权划归教育部门;教育经费的预算单列到县级。由县教育主管部门直接管理辖区内所有中小学的教育经费。

第二,落实以县为主的经费投入政策。一是国家应该以法律或法规的形式,明确各级政府尤其是县一级政府义务教育投入占年度财政支出的最低比例。二是将农村中小学教师工资按照国家有关要求全额纳入县级财政预算。三是对于农村中小学生均公用经费,可以由乡镇财政按学生人数和生均公用经费的要求按时交到县市区教育部门,再由县教育部门拨付到具体的农村中小学,县财政可根据财政实力对生均公用经费予以补贴,以不断提高生均公用经费的标准。四是对于基建和危改资金,可在由乡镇承担的基础上逐步转变为由县市区财政负责。

第三,国家、省市政府应加大对农村义务教育的转移支付力度。"以县为主"管理体制的实施是一种进步,是农村义务教育由过去以人民办为主转变为以政府办为主的一个标志。各级政府应当加大教育财政一般性和专项转移支付力度,保证各地在义务教育发展上的相对平衡。

第四,继续发挥乡镇村各级办学兴教的积极性。在县市区承担规划、布局、投资、管理等主要责任的基础上,充分发挥乡镇、村的积极性,使乡镇、村在力所能及的情况下尽可能地承担农村义务教育的责任,以确保农村义务教育优质均衡持续发展。

第五,继续坚持多渠道筹措教育经费的路子。可以鼓励社会力量捐资助学,支持地方学校建设和发展,帮助贫困儿童完成学业。增加教育投入,改善办学条件是提升教育水平乃至推进义务教育均衡发展永恒的主题。多渠道筹集教育经费是永远值得推广和使用的好办法,更是义务教育均衡发展可依靠的措施。

三、优化义务教育经费保障机制

"教育经费既是资源均衡配置的对象,也是实现资源均衡配置的前提和保障,因此,优先实现教育经费均衡配置至关重要。"① 就经费均衡配置而言,倘若只是增大投入力度、实施经费补偿,或者只是对现有的义务教育经费管理体系作"不痛不痒"的名称修改、内容增减、顺序调整,则必然流于形式上的均衡,进而在根本上制约政策效度。

(一)拓宽教育筹资渠道,提升经费保障水平

义务教育经费的筹集,倘若只是依靠教育公共财政的投入是远远不够的,急需拓宽筹集渠道,挖掘社会潜在资金投入义务教育。目前还需通过提高财政占比、创新教育筹资方式来提升义务教育经费的保障水平。

一是依法提高财政占比。义务教育是公共财政予以保障的重点。为适龄儿童"有学上、上好学"提供财政保障是政府财政部门义不容辞的责任。因此财政部门要关注义务教育阶段的财政投入力度,为义务教育的均衡发展提供财政保障。在安排义务教育经费预算时,削减不必要的经费支出,优先保障义务教育经费支出,以提高义务教育经费的预算标准,提高教育经费在公共财政支出中的占比,保证义务教育经费支出增长的幅度高于财政经常性收入增长幅度。二是创新教育筹资方式。提供义务教育财政保障虽然是政府财政部门义不容辞的责任,但多元化的教育筹资方式仍是义务教育经费筹集中不可或缺的部分。可以筹资的渠道有:教育融资、公益福彩、体彩、区域教育附加费以及个人教育附加费等。此外,鼓励社会团体、企事业单位,以及公民个人等社会其他力量通过捐资助学、设立专项奖励等也是教育筹资的重

---

① 武向荣.义务教育经费均衡现状调查与对策分析[J].教育研究,2013(7).

要方式。政府需要出台相关优惠政策,并为其他社会投资助学创造良好的环境,引导社会力量积极参与教育筹资。只有这样,才能最大程度上缓解义务教育公共财政投入不足的问题。

(二)加大农村经费投入,缩小城乡发展差距

在教育经费投入上,国家财政应当加大对农村学校的扶持。通过完善均衡保障机制、完成教学体制改革、健全成本保障机制,做到实地调查、重点投入,缩小城乡学校差距是促使义务教育均衡发展的基本保障。

(三)优化经费结构,注重实际效果

就义务教育经费均衡而言,倘若只是关注义务教育经费的投入,而忽视了教育的实际效果,那均衡最终往往只会流于形式。只有投入与产出结果相对均等,才能切实体现经费的均衡配置。

一是加大义务教育经费的投入。一方面要加大对义务教育基本建设的投入,包括改善办学条件,让义务教育阶段校舍硬件达到均衡化办学标准,在学校各项硬件达标的基础上,努力使人文环境、教学条件、师资水平、教育技术设备、图书、体育场地等得到一定程度的改善,并进一步拓展医疗服务、心理辅导,使区域内的各学校整体统一、个体独特。另一方面要合理配置教育经费。区域间、城乡间、学校之间要合理分配,重点向薄弱地区、薄弱学校倾斜,缩小经费差距。二是注重义务教育经费的产出。在投入上整体均衡之后,需要关注经费的产出结果。经费的产出即投入同等的经费后所得到的实际效果。经费的产出结果包括办学条件、师资队伍水平、学生的升学率、毕业率以及成才率等。定期对经费的产出效果进行统计分析,找到不同群体间教育供给的成本差异,有利于经费的均衡配置。

(四)建立经费监管机制,提高资金使用效益

在实施义务教育经费均衡各项措施的同时,各级教育财政部

第六章 投入保障：保证义务教育均衡发展的经费投入

门要建立和完善经费监管机制，定期对区域内的中小学经费预算、投入、使用情况进行监督评估，对区域内学校间经费差距进行监测分析。引导和规范教育经费的长效监管，以资金使用效益为导向，强调经费监管机制在义务教育经费均衡中的重要作用，促进义务教育均衡，带动区域内教育经费向协调、均衡方向发展。

1. 财政部门要建立健全教育经费的长效监管机制

随着义务教育经费保障机制的深化改革，我国经费监管已取得了一定的发展，但并没有使我国义务教育经费配置达到理想状况，现实生活中依然出现变相收费的情况。如假期有偿补习、各种有偿兴趣班；贫困补助"应享未享"。由于教师不了解学生家庭情况，且贫困生资助体系不健全，贫困生的认定方式缺乏科学合理的标准，使得教师不易把控学生资助工作，经常出现"应享未享"的情况；教育经费预算不规范。由于学校管理者对预算编制的认识不够、专业能力不强，从而导致教育经费预算不规范，难以实现全面公平。政府财政部门需要建立健全教育经费的长效监管机制，让各监管主体交叉监管、相辅相成。从事前、事中、事后三个层次完善监督，全面实施科学、合理、精细的经费管理，建立健全经费监管长效机制：事前完善义务教育经费预算编制的监督机制，在审核预算前仔细检查，防止虚报、漏报、隐报以及擅自增加的经费项目；事中完善教育经费预算执行的监督机制，在年终时监督经费的执行情况，尤其关注挪用、扣留、占用专项资金的现象；事后完善对教育经费的预决算监督机制，对所有事前预算的教育资金，财政部门需要权责到人，对教育资金使用效益进行总结评价，并对被监督检查的单位给予及时反馈，督促相关学校科学合理用好教育经费，确保教育经费落实到位。

2. 教育部门要落实经费绩效考评制度，提高资金使用效益

科学规范、高效安全的资金使用体系是义务教育经费高效使用的前提。因此教育行政部门要建立和推行义务教育经费管理

绩效考评制度，保证经费的使用效益。经费绩效考评形式可以有抽查、定期考察以及年终考察。考评方法以学校自查为主、区县检查与省市实地抽查为辅。考查的内容需要包括义务教育的专项经费、生均标准、教师工资、学校基本建设费用等。尤其需要重点关注贫困地区、薄弱学校的经费投入、使用情况。绩效考评工作应公开、公平。考评结果应由省级教育部门统一形成分析报告，作为财政部门下次经费分配的依据，考评结果达标的地区以及学校教育经费配置予以重点倾斜，而对经费落实不到位、资金使用效果不佳的地区需要追究相关人员责任。

第三节 经费投入对县域义务教育均衡发展的影响

义务教育经费投入关系着义务教育的发展水平，本节基于对12省22个县的实地调查，分析我国县域义务教育经费投入均衡现状，发现我国中西部地区与东部地区经费投入差异较大；城乡间基本呈现均衡状态，个别省份城乡间差异较大；校际间差异明显。并从完善相关法律，保障经费投入；完善投入体制，充实投入来源；加强管理，提高使用效率这几方面提出促进我国县域义务教育经费投入均衡发展的对策。

本研究采用随机抽样和目的抽样相结合的抽样方法，在全国范围内以东部、中部、西部为标准，共选取12个省，并在每个省各选取一区一县进行调查。为保证评估结果的科学性与有效性，本次评估分别对不同年份、不同地区、不同学段的情况进行比较，从而得出自《纲要》颁布以来我国义务教育发展均衡的现实状况，为今后义务教育均衡发展政策制定提供客观依据和落脚点。

一、县域义务教育经费的均衡性比较

本调查采用均值倍率或均值差测算县域间义务教育均衡发

第六章 投入保障:保证义务教育均衡发展的经费投入

展水平,即用东部、中部和西部的各指标平均值之比或平均值之差来反映地区间差距。其中,高于规定学历教师比例和中高级职称教师比例采用均值差,其他指标均采用均值倍率。本调查采用最高组和最低组间的倍率或差值测算地区内义务教育均衡发展水平。

(一)调研对象和研究方法的选择

1. 样本省县的选取过程及标准

由于义务教育学校硬件配置状况受当地经济发展水平的影响较大。因此,选取样本省份的标准就是该省的经济发展水平。按照经济发展水平的差异,我国大陆地区分为东、中、西部三个经济地区,东部包括天津、上海、北京、辽宁、江苏、山东、广东、浙江、河北、广西、福建、海南12个省级行政区;中部包括内蒙古、吉林、江西、黑龙江、安徽、河南、湖北、山西、湖南9个省级行政区;西部地区包括宁夏、新疆、四川、云南、重庆、西藏、陕西、甘肃、贵州、青海10个省级行政区。其中东部位于沿海地区,具有良好的区位优势,有着较强的工业基础,属于我国的经济发达地区。中部地区在区位上位于我国中部,能够连接东西部地区,有着一定的工业基础,是我国经济发展的第二序列。而西部地区,由于开发较晚,工业基础缺乏,自然环境较为恶劣,属于我国相对落后地区。本研究采用分层抽样法,按照给定的额度,在每个地区随机选取一定数量的省份,作为调研的样本省份。

在东部地区,调研小组设置3个名额,并随机抽选出L省、D省以及Z省这几个省级行政区;中部地区调研小组则设置了4个名额,随机抽选出J省、H省、B省和N省这几个省级行政区;西部省份由于教育问题比较多,需要重点调查,因此设置了5个名额,随机抽选出的省份分别是G省、C省、S省、Y省、X省这几个省级行政区。样本省份选取完成后,又在每个省份之中选取一个市或者地市级行政区,该地市级行政区的经济发展水平要能够代表其所在省的经济发展水平,既不能过于超前、又不能过于落后。确定完地市级行政区后,调研小组为了继续增强数据的代表性,再次使用目的抽样,在每个市中选取能够代表其经济发展水平的县和区各一个,并进行实地调研。

2. 样本学校的选取数量与标准

本次调查基本单位是学校,在确定完调查的县、区之后,调研小组为进一步增强数据的代表性,仍然主要采用目的抽样。在县域选取样本标准如下:城关镇选取一个,城关镇内选取小学、初中各两所,两所学校应该一所位于中心城区,另一所位于城郊;其他乡镇选取3个,每个乡镇选取中学一所,小学4所(其中包括1所中心校+1所村小+2个教学点)。在区内选取学校样本标准与数量如下,每区选取2所小学;中心城区与农民工聚集城郊各1所,2所初中;中心城区与农民工聚集城郊各1所。

3. 调研的工具与分析框架

本次调研主要以发放调查表的形式进行,调查表为《学校调查表(经费部分)》和《县(区)域义务教育发展状况调查表》。其中,两表均涉及教师、经费、教育设施设备三个方面的信息。本研究仅采用表中的部分经费信息作为本研究的调研工具。本次调研主要研究的问题是县域义务教育经费投入均衡状态,针对学校的硬件资源配置状态。本研究将义务教育经费投入状态分成三个大维度,反映这一维度的指标是生均公用经费,本研究从区域间均衡状态、城乡间均衡状态、校际间均衡状态这几个维度来反映均衡状态。

(二)县域间差异研究

(1)东部地区生均教育事业经费比中、西部地区更充足,小学平均是中西部的2倍多,初中平均是中西部的近2倍。东部地区

第六章 投入保障:保证义务教育均衡发展的经费投入

小学的生均教育事业经费是中部的2.21倍,是西部的2.01倍。东部地区初中生均教育事业经费是中部的1.84倍,是西部的1.76倍。西部地区小学生均教育事业经费高于中部10.17个百分点,西部地区初中生均教育事业经费高于中部4.42个百分点。

(2)东部地区生均公用经费支出比中西部地区充足,小学平均是中、西部的2倍左右,初中平均是中西部的1.5倍左右。东部地区小学生均公用经费是中部的2.15倍,是西部的1.62倍。东部地区小学的生均公用经费为872元,中部是405元,西部是539元。东部地区初中生均公用经费是中部的1.64倍,是西部的1.36倍。东部地区初中生均公用经费为1000元,中部是611元,西部是736元。西部地区小学、初中生均公用经费分别高于中部33.09和20.46个百分点。

(三)县域内差异研究

东中西部各地区内教育经费水平均有显著差距,而且地区内差距明显大于地区间差距。东部地区内大部分教育经费指标均衡发展水平较低,西部地区内大部分教育经费指标均衡发展水平较高,津贴补贴、奖金和社会保障的地区内差距巨大。

(1)东部地区内生均教育事业经费差距最大。东部地区内教育事业经费的差距明显大于中、西部地区。东部地区内小学生均教育事业经费最高组县和最低组县的差距为5.63倍,中部为3.02倍,西部为1.94倍。东部地区内初中生均教育事业经费最高组县和最低组县的差距为5.30倍,中部为2.22倍,西部为2.46倍。

(2)东部地区内生均公用经费差距最大,并且小学阶段大于初中阶段。东部地区内生均公用经费的差距明显大于中西部地区。东部地区内小学生均公用经费最高组县和最低组县的差距为6.22倍,中部为2.37倍,西部为2.48倍。东部地区内初中生均公用经费最高组县和最低组县的差距为4.69倍,中部为1.80倍,西部为2.42倍。

（四）县域内城镇和农村差异研究

教育经费东中西部地区内城乡均衡情况。

1. 地区内小学教育经费城乡差距

（1）东部地区小学大部分教育经费指标的城乡差距均高于中、西部。

（2）东部地区内小学生均公用经费和教职工奖金的城乡差距高于其他经费指标。小学生均公用经费的城乡比是2.41，教职工奖金的城乡比是2.31。

（3）东部地区小学教职工基本工资的城乡比为0.90，农村略高于城镇；中、西部地区教职工基本工资的城乡比均为1.01。

2. 地区内初中教育经费城乡差距

（1）东部地区初中大部分教育经费指标的城乡差距高于中、西部。

（2）东部地区初中教职工奖金的城乡差距最高，城乡比是1.93。

（3）东部地区农村初中教职工基本工资略高于城镇，城乡比为0.96；中、西部农村初中教职工基本工资略低于城镇，城乡比分别为1.10、1.04。

（4）中部地区初中教职工基本工资的城乡差距高于东、西部。

（5）西部地区初中教职工津贴补贴的城乡差距高于东、中部。

（6）中、西部地区初中教职工社会保障缴费的城乡差距高于东部。

二、调研结果与分析

财力资源的投入是关系义务教育能否均衡发展的重要保障。其中，生均公用经费是一项重要的指标。根据《财政部、教育部关

第六章　投入保障：保证义务教育均衡发展的经费投入

于做好农村中小学公用经费标准定额核定工作、确保学校正常运转有关问题的通知》中的规定，所谓中小学的公用经费是指"保证中小学校正常运转所需经费。"而生均公用经费不同的地区对此有不同的规定，其主要指各地方政府根据当地实际情况，在该区域内统一执行的中小学经费发放的标准。生均经费的发放数量不仅仅是保障学校运转发展的日常经费，其发放额度的高低，也影响着办学条件和硬件配置水平。因此，本调查将生均公用经费作为经费资源配置的重要指标来进行考查。

(一)县域义务教育经费区域间均衡状态

不同区域对于生均公用经费的发放标准不同，虽然各地区发放的标准依据自身情况有统一标准，然而正是由于标准的不同，产生了不同区域之间的生均公用经费的差异，从而导致了区域间的不均衡现象的出现。

1. 中西部生均公用经费相对均衡，与东部差距明显

整体而言，我国的东部、中部、西部地区，生均经费均能达到当地规定标准。然而，从生均经费额度的相对排名来说，我国的中东西部地区仍有一定的差距，其中，尤以东西部差距为最。在小学阶段，排名靠后的4个省份之中，只有J省位于中部地区，其余G、X、C三省均位于我国西部地区。而在排名前四的省份中。调查中仅有的两个东部省份L省和D省占据前两名的位置。中部的N省和西部的Y省分别占据第三、四位。而在中间的三个位置上，中部占有两个席位，而西部仅占有一个席位。在初中阶段，更是如此，排名后四位的C、X、S、G省，全部位于西部地区。而前四位仍然是东部的D、L省分列1、2位，中部的N省和西部的Y省分列3、4位，中间的H、J、J、B省全部是中部省份。可见，相对来说，中西部地区在生均经费方面差距不大，西部稍微落后于中部地区，而东部地区远远领先于中西部地区。

从生均公用经费的额度来看，相对于中部西部地区间的差

距,中西部与东部地区差异巨大。从极差来看,小学阶段中部最高的N省和西部最低的G省之间的级差为229元。而东部最高的D省和西部最低的G省之间的极差为1291元,与中部最低的J省的级差为1298元,远远大于中部与西部之间的极差229元。在初中阶段,中部最高的N省与西部最低的C省之间的极差为214元,而东部最高的D省与西部最低的C省之间的极差则为3653元,远远高于中部与西部地区之间的差距。可见,东部与中西部之间的差异巨大。

2. 个别省域间生均公用经费差异过大

除地域差别外,个别省份的生均公用经费差距也十分明显,生均经费省域间差异巨大也是影响我国实现教育均衡发展的重要原因之一。由于我国各地区经济发展水平的不同,所以各个省份的生均公用经费存在差距属于正常现象。然而,个别省份之间差异过大,也会导致我国义务教育发展不均衡。

小学阶段,我国大部分省份的生均经费在500到600元之间。然而个别省份之间仍然存在着差距较大的情况。在调查的11个省份之中,生均公用经费最高的D省达到了1730元,而最低的J省只有432元,相差1298元,最高值相当于最低值的4倍。在初中阶段也是如此,大多数被调查省份的初中生均公用经费在700到800元之间。最高的D省生均公用经费达到4290元,而最低的C省仅仅为637元,二者之间差距达到了3653元,最高值也达到了最低值的6.7倍。

由此可见,从区域间相对来看,我国生均公用经费总体呈现由西部向中部再向东部递增的情况,且中部与西部的差距,远远小于中西部与东部之间的差距,东部与中西部差距过大是我国生均公用经费均衡面临的主要问题。除此之外,该问题反映到省域,就呈现了个别省份之间生均公用经费差距过大的现象,小学阶段的最高省份为最低省份的4倍,而初中阶段则达到了6.7倍。

(二)县域义务教育经费城乡间均衡状态

城乡概念中的"城"主要指城关镇,乡村主要指城关镇之外的其他乡镇和村屯。初中一般只有城关镇和乡镇两级,小学则有城关镇、乡镇和村屯三级。

1. 总体上城乡之间能够达到基本的均衡状态

城乡差距不大。从小学阶段来说,绝大多数省份的城区生均经费高于县乡的生均公用经费,差距并不十分明显,其中大多数省份差距在100元左右。而在初中阶段,一半省份的生均公用经费是城区高于县乡,而另一半则是县乡高于城区。但大多数情况下,差距仍然不是很大,绝大部分差距集中在100元以内。

2. 个别省份城乡差距明显

虽然总体上看,城乡之间的差距并不是很大,但个别省份城乡之间差距明显。位于东部地区的D省,小学生均公用经费城区高于县乡273元,而初中阶段的生均公用经费,城区高于县乡515元。小学阶段的城乡差距是其他地区城乡差距的2倍左右;而初中阶段的城乡差距则达到了其他地区的5倍。虽然如此,但该省位于经济发达的东部地区,从绝对的金额来看,该省无论是城市还是乡村生均公用经费投入远远高于该省的标准,同时远远高于其他省的投入金额。

(三)县域义务教育经费校际间均衡状态

虽然各地区对于生均经费的规定都是统一的,但是在同一区域内,不同学校的生均经费的分配仍然存在着差异。

1. 县域内校际间生均公用经费差异较小

以东部的L省、中部的J省、西部的X省的小学阶段为例,在三省之内,无论是市区还是县镇,其校际之间的差异系数都小于国家规定的义务教育均衡县的0.65的标准。因此,从这个指标上来说,在县域内的校际间生均公用经费基本上可以达到均衡的状态。

2. 校际间生均经费极差过大

虽然总体上在县域间的生均经费基本能达到均衡状态,但是就微观而言,生均经费的极差过大,也是客观存在的问题之一。

小学阶段,无论是市区还是区县,三省县域内小学阶段的生均经费极差均在300元以上,L省甚至达到了1513元。虽然在表面上各县域内学校达到了均衡状态,但个别学校之间差距过大也是客观存在的。

以J省某县的小学为例,本次调查的11所小学,在图3中显示,最高的生均公用经费为600元,而最低的仅有250元,差距为350元,最高是最低的2.4倍。可见,当我们保证了宏观层面的均衡之后,校际间微观层面的差距也是需要我们重视的。

三、县域间教育经费发展水平差异研究

本调查采用变异系数、最高组和最低组的倍率或差值测算县域间义务教育均衡发展水平。通过变异系数即各区县各指标标准差与平均值之比来反映县际差距,变异系数越小说明县际均衡程度越高。最高组和最低组的倍率或差值测算法是将各区县按指标值排序,再按区县数平均分为五组,每组占20%,用最高组和最低组的各指标平均值之比或平均值之差来反映县际差距。其中,高于规定学历教师比例和中高级职称教师比例两项指标采用差值法测算,其他指标项均采用倍率进行测算。为了考察分布在东中西部地区和不同经济发展水平地区的区县义务教育发展水平是否存在差异,我们将各指标按指标值从低到高排序,再按县数平均分成较低、中等、较高三组,分别赋予1级、2级、3级三个等级,将各指标的等级与东中西部地区和不同经济发展水平分别

作列联分析。

总体而言,县域间教育经费均衡发展水平较低,教职工奖金的县域间差距尤为突出,基本工资差距最小。小学生均教育事业经费和生均公用经费的差距稍高于初中,而初中的教职工平均工资福利支出的差距稍高于小学。

(一)县域间小学生均教育事业经费的差距大于初中

县域间小学生均教育事业经费的差距为5.10倍,初中为4.51倍。东中西部区县的生均教育事业经费有显著差异,东部地区78.57%的县小学生均事业经费处于较高组,而中部地区有50%的县小学生均事业经费处于较低组。中部地区57.14%的县初中生均事业经费处于较高组,而西部地区61.54%的县初中生均事业经费处于较低组。

(二)县域间小学生均公用经费的差距大于初中

县域间小学生均公用经费差距为4.44倍,初中为3.46倍。东西部区县小学的生均公用经费有显著差异,东部地区57.14%的县小学生均公用经费处于较高组,而西部地区53.85%的县小学生均公用经费处于较低组。

四、县域内城乡间教育经费均衡发展水平研究

本调查采用均值倍率或均值差测算县域内城乡间义务教育均衡发展水平,即用各区县城镇和农村的各指标平均值之比或平均值之差来反映城乡差距,比值大于1或差值大于0说明该指标城镇情况优于农村,比值小于1或差值小于0说明该指标农村情况优于城镇。其中,高于规定学历教师比例、中高级职称教师比例和骨干教师比例采用均值差,其他指标均采用均值倍率。

县域内城镇和农村学校教育经费差距不大。除了个别区县的个别经费项,大部分区县城乡小学、初中教育经费差距幅度均

在 1~2 倍。近 40％的区县农村初中生均公用经费没有达到中西部 500 元、东部 550 元的国家基准定额；有 28％的区县农村小学生均公用经费没有达到中西部 300 元、东部 350 元的国家基准定额。有 26％的区县城镇初中的生均公用经费没有达到 500 元；有 11.5％的县城镇小学的生均公用经费没有达到 300 元。

(一)近四成区县城镇小学和六成区县城镇初中的生均教育事业经费略高于农村

城镇小学生均教育事业经费高于农村小学的区县占 36％,意味着 64％的区县农村小学生均教育事业经费高于城镇,而且这些区县较多分布在中西部。城镇初中阶段生均教育事业经费高于农村初中的区县占 60％,而且这些区县较多分布在西部。

(二)五成左右的区县城镇小学、初中的生均公用经费略高于农村

城镇小学、初中生均公用经费高于农村的区县占 50％,57.14％的区县小学生均公用经费城乡差别大,这些区县较多分布在东部；47.06％的区县初中生均公用经费城乡差别大,这些区县较多分布在西部。

五、对策与建议

(一)完善相关法律,提高投入水平

制定专项法律,完善投入体制。制定义务教育经费投入的相关法律,有利于我国义务教育经费投入的稳定和规范化。长期以来,我国虽然颁布了《教育法》《义务教育法》等相关法律,其中对于义务教育经费虽有提及,但是关于义务教育投入的专项法律并没有出台。义务教育经费的投入缺少法律保障和规范,就会导致在投入总量上政府对于教育投入有过大的裁量空间,其投入的总量和方式受经济、地方财政等因素影响过大,甚至相关领导的重视

第六章 投入保障:保证义务教育均衡发展的经费投入

程度都会影响我国的义务教育经费投入。其次,法律的缺失导致了地方在进行经费投入中,缺少相应的规范和监督,容易造成资金的滥用与浪费,导致资金利用率低,投入得不到良好的效果。我国在2006年修订的《义务教育法》中,对义务教育经费投入体制、保障机制等方面进行了规定,但具体的落实仍归于中央以及地方政府部门,而且没有相关的法律对政府的行为进行监督和规范。相比之下,发达国家则通常制定完备的法律。日本从20世纪50年代开始,就制定相关法律完善其义务教育经费投入,例如1952年制定的《义务教育费国库负担法》,1953年制定的《公立学校设施费国库负担法》等法律,不仅明确提出了各级政府所要承担的投入比例,也进一步明确了责任的划分,为监督政府的行为提供了法律的依据。因此,加大对于义务教育投入的专项立法成为我国当前亟须解决的问题。通过制定专项法律明确各级政府责任,制定投入规则,进一步完善我国的义务教育经费投入体系,为我国义务教育经费的投入提供法律保障。

保障经费投入,提高总体投入水平。教育的投入总量在一定程度上决定着教育发展的速度、规模以及质量等发展指标,义务教育经费的不足将限制教育的发展。我国在2012年完成了教育经费占GDP比例4%的目标,到2016年,我国义务教育投入17603亿,占全国教育经费投入的45.30%,相对于世界发达国家,我国义务教育阶段的经费投入无论是人均还是占教育总投入的比例,都是偏少的。同时,由于义务教育投资总量的不足,导致了某些地域生均公用经费达不到标准,教师工资拖欠,办学条件得不到保障等问题,尤其是某些欠发达的县区更是如此,这进一步加剧了我国义务教育的非均衡发展。同时,义务教育作为公共服务,政府对其负有主要的投入责任,对于义务教育投入比例偏低也有违义务教育的原则。因此,进一步扩大义务教育投入总量是保障义务教育持续发展的前提,也是义务教育实现均衡发展的保障。2015年,国务院印发《关于进一步完善城乡义务教育经费保障机制的通知》,建立统一的城乡义务教育经费保障机制,其规定,从 2016 年起,我国统一规定义务教育学生公用经费,东部地区普通小学生均为 650 元每年,初中生均为 850 元每年;中西部地区小学生均为 600 元每年,初中生均为 800 元每年。这一政策进一步保障了义务教育经费的投入,也在一定程度上促进了我国义务教育高水平的均衡发展。

(二)完善投入体制,扩大投入来源

明确投入责任,确定投入比例。改革开放以来,我国县域义务教育投入体制大致分为四个阶段。1985 年到 1994 年,我国实行"地方负责、分级管理、以乡为主"的投入方式,该阶段乡镇和农民是义务教育投入的主体,由于经济发展水平低,极易造成投入总量不足,甚至造成办学水平极低。1994 年到 2001 年实行"地方负责、分级管理、以县为主、乡镇为副"的政策,本次改革突出县级政府的经费投入的主体地位,但由于地方财政的不同,投入质量仍然难以保障。2001 到 2005 年实行"地方负责、分级管理、以县为主"的投入体制,国务院在《关于基础教育改革与发展的决定》中,提出实行"以县为主"的体制进一步明确县级行政区的投入责任。从 2006 年开始,我国进入了义务教育经费保障的新时期,2006 年修订的《义务教育法》确立了经费省级统筹和"以县为主"的义务教育管理和投入的新体制。确立了各级政府共同参与义务教育经费投入的原则。通过四次投入体制改革我国义务教育经费投入主体的重心不断上移,这也符合义务教育经费逐渐由中央政府负责的国际趋势,同时也真正体现了义务教育的公共性原则。2015 年,《关于进一步完善城乡义务教育经费保障机制的通知》中进一步明确各级政府责任,规定了公用经费中央和地方分担比例,西部地区为 8∶2,中部地区为 6∶4,东部地区为 5∶5。明确各级政府对于义务教育投入的责任,是保障义务教育发展的经济条件,也是促进我国教育公共服务均等化的重要手段。未来,我国应进一步将义务教育投入责任主体上移,实现投入以中央和省级政府为主,管理以地方为主的义务教育经费投入机制。

第六章 投入保障:保证义务教育均衡发展的经费投入

加强省市政府经费统筹,促进县域教育经费投入均衡。《国家中长期教育改革和发展规划纲要(2010—2020年)》中提出要进一步加强省级政府对于义务教育的统筹。在经费上要"统筹管理义务教育,推进城乡义务教育均衡发展,依法落实发展义务教育的财政责任。"[①] 随着我国教育改革的不断发展,县域内的经费差距已经有所缓解,而县域间的经费投入差距过大问题则越来越突出。由于各县域间经济发展水平不同,重视程度不同,其对教育的经费投入也存在着相当的差距。省市政府应该在对区域内教育状况有全面的了解后,统筹省市的资金投入方向,将经费发放政策向贫困地区倾斜,充分保证其达到我国统一的生均公用经费标准,在经济发达的县域以县为投入的主体,在贫困地区则以中央、省市为投入主体,这不仅是保障经费来源的必要手段,同时也是促进义务教育均衡发展的必然要求。

省市政府也应该创新经费投入体制,设立专门的义务教育均衡发展基金,专款专用,由省市教育部门统一管理,通过调查后直接发放到落后学校,实现对于薄弱学校的精准扶持,提高财政资金的利用效率。通过省市的协调来填补省市内义务教育发展的差距,这是促进义务教育县域间和县域内均衡发展及实现全国范围内教育均衡发展的前提,也是义务教育均衡发展的必要手段。

扩大投入渠道,允许多种投入方式。长期以来我国义务教育阶段以公立学校为绝对主体,民办学校很难进入义务教育领域。随着政策的逐渐开放,近些年民办学校逐渐开始发展。我国政府也越来越认识到民办学校的独特作用,2015年颁布的《关于进一步完善城乡义务教育经费保障机制的通知》中明确提出,"对包括民办学校在内的城市义务教育学校按照不低于基准定额的标准补助公用经费",这一举措在于将民办学校纳入义务教育经费投入的保障范围之内。政府鼓励民办学校的发展,能够吸引更多的

---

① 中共中央.国家中长期教育改革和发展规划纲要(2010—2020年)[Z].2010.

社会资金投入到义务教育领域,可以弥补当地财政对于义务教育领域投入的不足。地方政府可以将经费更多地投入到薄弱学校的建设中去。与此同时,应该提高民办学校的法律地位,承认其对于我国义务教育发展的积极作用,并出台相应的法律法规,规范、引导民办学校的发展。将民办学校纳入到义务教育均衡发展的统筹规划里,让其在更大的舞台上发挥作用。除此之外,我国更应该鼓励个人和民间团体对义务教育进行捐助,并成立相应的部门管理和监督捐助资金的使用情况,以促进个人善款更好地使用。

(三)加强经费管理,提高使用效率

制定国家标准,加强经费投入监管。义务教育经费投入国家标准的制定是测量和检验义务教育经费情况的依据,科学合理的义务教育经费投入标准,不仅仅为经费的投入提供了依据和保障,也为衡量我国义务教育发展水平提供了评价标准。2015年我国生均经费国家标准的引入,结束了一直以来各省标准不统一的局面,为以后我国更好地推进义务教育均衡发展提供了基础。除了国家标准的制定,对于义务教育经费使用的监督也是影响义务教育发展的重中之重,无论是政府还是学校都应该建立经费使用信息透明化机制,定期公布义务教育经费的投入、使用去向,接受全民监督。同时还应该建立严格的审计机制,不论是国家还是地方政府,都应该建立相应的审计机构,推行定期的审计,并向社会公布审计结果,保证经费投入在阳光下进行。不论是国家标准的制定,还是审计制度的推行,都是为了保证经费在正当的环境下被分配,这也是促进教育经费投入充分,防止被挪用、占用甚至贪污的重要手段。

提高资金利用效率,合理调整教育支出。在义务教育投入有限的情况下,要促进县域义务教育的发展,既要做到开源,又要做到节流。义务教育经费投入最主要的目的就是提高义务教育质量,促进义务教育均衡发展,尤其在投入有限的农村薄弱学校,如

何能让有限的经费发挥最大的作用,也是义务教育经费投入的重要问题之一。从宏观上来说,促进农村中小学布局合理调整是优化经费配置重要手段之一。长期以来我国很多农村学校规模小、教学质量低,数量却很大,占用了大量了经费资源。促进农村中小学布局调整,可以通过适当的学校合并来扩大学校规模,提高学校教学资源使用效率。精简教师编制,缩减不合格教师数量,从而优化教育支出的结构,提高教育质量。同时,划出专项资金,全面推行薄弱学校的改进。地方政府以县为单位,以当地县域义务教育评估标准为依据,对县域内学校进行大范围的评估。通过评估,找出问题较大的学校,对主要问题进行分析,提出整改意见,并提供相应的物力财力支持,解决学校最亟须解决的问题。通过以上对策提高资金的利用效率,以促进义务教育经费投入的有效利用。

本章小结

近年来城乡、地区以及区域内校际之间的教育差距引发社会各界对教育公平的重视,教育问题成为社会关注的焦点。均衡是保证所有适龄儿童和少年公平地接受教育的重要手段,也是实现基本公共服务均等化的基础和重要环节之一,对经济的发展和社会的进步起着至关重要的作用。在全国建立义务教育均衡发展督导评估制度,保障义务教育均衡发展。尽管国家对义务教育均衡发展的重视使得义务教育均衡发展的脚步加快,义务教育差距不断缩小,但是当前义务教育还是存在不均衡的现象。近年来我国各级政府加大了对中西部贫困地区义务教育投入,取得了显著成就,但仍存在经费投入不足、地区间不均衡、贫困家庭成本负担重等问题。当务之急必须构建中西部贫困地区义务教育经费投入保障机制,应从建立生均拨款制度,加强省级政府经费投入的主体地位,完善义务教育投入保障机制,加大中央财政转移支付力度等方面入手,为中西部贫困地区提供可持续发展提供强有力的经费支撑。本章从义务教育缴费的科学配置的属性及分配指标入手,通过比较县域义务教育经费的均衡性、县域间教育经费发展水平、县域内城乡间教育教育经费均衡发展水平等结果,以及完善的义务教育投入的法律保障,进一步提出了建立城乡均衡统一的投资体制积优化义务教育经费保障机制的措施。

第七章 师资为本：加强义务教育均衡发展的师资建设

教师在教育中的作用是毋庸置疑的，尽管一些激进的教育改革家一再突出强调学生在教育教学中的地位和作用，如何自主学习、合作学习、发现学习等，进而贬低甚至抹杀教师的重要作用，然而实际上没有教师的参与就不成为教育，只能算是学习，教师永远是教育的主体。而学生只能是学习的主体，不是教育的主体，只是教育的对象或客体。教育者的状况决定着教育的质量和水平。只有高素质的教师才可能培养出高素质的孩子，否则很难培养出高素质的孩子。也就是说，教育质量取决于教育者的素质与水平。为此，需要加强义务教育均衡发展的师资建设。

第一节 师资配置与有效使用现状

师资配置是指不同区域教师的分配情况，从大的方面来说，可以理解为东中西部的教师分配和省级之间、县（区）域间的教师分配；从小的方面来说，可以理解为县（区）域内城乡之间、学校之间的教师分配。

义务教育均衡发展视野下的师资均衡配置主要是指在某一范围内义务教育师资的分配具有相近性、合理性与协调性，具体包括师资的数量、结构与流动性。

(1)师资数量上的均衡是依据不同地区、不同学校、学生的人数的不同而产生的相对比例的教师数量。

(2)师资结构上的均衡包括学历结构、年龄结构、性别结构与职称结构。学历要求是对在职教师所应达到最低学历的要求;年龄结构要求是指教师队伍中不能出现年龄层次的断层,要保持一定比例的年龄梯度,即老、中、青之间保持 2∶5∶3;性别结构即男女教师的比例合理,能够使得教育健康有序的良性发展;职称结构是指对不同级别的教育,教师的初级职称、中级职称、高级职称、正高级职称比例的具体要求。

(3)教师交流指一名教师在一所学校连续任教几年后又流动、轮换到其他学校从事教育教学工作,从教师交流的组织程度来看,合理的交流应该是县级及其以上的教育行政部门为了学校的发展和教师的成长,对行政区域内的教师有计划、有目的性的交流;从教师交流的数量来看,合理的交流应该不是以少数教师单向流动的教师调动,而应该是有一定数量的教师的双向流动;从教师交流的目的来看,合理的教师交流应该是旨在加快学校持续快速发展和教师专业成长,促进教育的均衡发展。

本调查采用均值倍率或均值差测算地区间义务教育均衡发展水平,即用东部、中部和西部的各指标平均值之比或平均值之差来反映地区间差距。其中,高于规定学历教师比例和中高级职称教师比例采用均值差,其他指标均采用均值倍率。

本调查采用最高组和最低组间的倍率或差值测算地区内义务教育均衡发展水平,即将某一地区内的各区县按指标值排序,再按区县数平均分为 5 组,每组占 20%,用最高组和最低组的各指标平均值之比或平均值之差来反映地区内差距。其中,高于规定学历教师比例和中高级职称教师比例采用差值,其他指标均采用倍率。

第七章　师资为本：加强义务教育均衡发展的师资建设

一、东中西部地区师资队伍差异

(一)地区间差异

从整体上看，东中西部地区间师资队伍发展水平有显著差异，东部地区教职工数量更充足，教师队伍素质更高。

1. 教职工数量方面

东部地区教职工数量比西部更充足，东部地区每个教职工平均比西部少教5～6个学生。生师比西部最高，东部最低，西部地区小学和初中生师比分别为20.03和15.58，东部地区小学和初中生师比分别为14.01和10.72，东部地区每个教职工平均比西部少教5～6个学生；西部地区小学和初中的生师比分别是东部的1.43和1.45倍。

2. 教师学历水平方面

东部地区教师学历水平明显高于中西部，初中表现尤其突出。就高于规定学历教师比例而言，东部明显高于中西部，中部初中高于规定学历教师比例最低。东部地区小学和初中高于规定学历教师比例分别为86.20%和79.95%；西部地区小学高于规定学历教师比例为67.13%，中部地区初中高于规定学历教师比例为51.86%。高于规定学历教师比例，小学东部比西部高19.07个百分点，初中东部比中部高28.09个百分点。

3. 中高级职称教师比例方面

中高级职称教师比例东部最高，西部最低。中高级职称教师比例从东部到中部再到西部越来越低。东部地区小学和初中中高级职称教师比例分别为62.82%和62.26%，西部地区小学和初中分别为42.97%和47.08%。东部地区小学中高级职称教师比例比西部高近 20 个百分点,东部地区初中高级职称教师比例比西部高约 15 个百分点。

(二)地区内差异

整体上看,东中西部各地区内师资队伍发展水平均有显著差异。东部地区各区县间教职工数量和小学中高级职称教师比例的差距比较大;中部地区各区县间教职工数量和高于规定学历教师比例的差距比较大;西部地区各区县间高于规定学历教师比例的差距比较大。

师资队伍发展水平的东中西部地区内差距明显大于地区间差距。

1. 教职工数量方面

生师比地区内差距较大,并且东中部地区内差距明显大于西部,东中部最高组县生师比均达到最低组县的 1.91 倍以上,西部最高组县生师比为最低组县的 1.75 倍以上;各地区小学生师比最高组县每个教师均比最低组县多教 10 个学生,初中生师比最高组县每个教师均比最低组县多教 8~9 个学生,其中西部地区最高组县小学生师比超过国家规定的 23∶1 的最高线。中、西部地区最高组县初中生师比超过国家规定的 18∶1 的最高线。

2. 教师学历水平方面

高于规定学历教师比例地区内差距较大,并且中西部地区内差距明显大于东部,初中明显大于小学。就小学高于规定学历教师比例而言,西部地区内差距最大,最高组县高出最低组县近 36 个百分点,东部地区内差距最小,最高组县高出最低组县约 24 个百分点;从初中高于规定学历教师比例来看,中部地区内差距最大,最高组县高出最低组县近 60 个百分点,东部地区内差距最小,最高组县高出最低组县近 33 个百分点。

第七章　师资为本：加强义务教育均衡发展的师资建设

3. 中高级职称教师比例方面

中高级职称教师比例地区内差距较大，小学东部地区内差距明显大于中西部，初中比较接近。从小学中高级职称教师比例来看，东部地区内差距最大，最高组县高出最低组县约40个百分点，中部地区内差距最小，最高组县高出最低组县近29个百分点；初中各地区内部差距比较接近，最高组县高出最低组县26～30个百分点。

二、GDP三类地区师资队伍差异

为了考察经济发展水平对义务教育发展的影响，我们把42个区县按人均GDP分成三个组，人均GDP小于10000元的为欠发达区县，人均GDP在10000～20000元的为中等发达区县，人均GDP大于20000元的为发达区县。

本调查采用均值倍率或均值差测算地区间义务教育均衡发展水平，即用经济发达、中等发达和欠发达地区的各指标平均值之比或平均值之差来反映地区间差距。其中，高于规定学历教师比例和中高级职称教师比例两项指标采用均值差测算，其他指标均采用均值倍率测算。

本调查采用最高组和最低组间的倍率或差值测算地区内义务教育均衡发展水平，即将某一经济发展水平地区内的各区县按指标值排序，再按区县数平均分为5组，每组占20%，用最高组和最低组的各指标平均值之比或平均值之差来反映地区内差距。其中，高于规定学历教师比例和中高级职称教师比例两项指标采用差值测算，其他指标均采用倍率测算。

(一)地区间差异研究

整体上看，GDP三类地区间师资队伍发展水平有显著差异，经济发达地区教职工数量更充足，教师队伍素质更高。

1. 教职工数量方面

欠发达地区生师比明显高于中等发达和发达地区,欠发达地区小学和初中生师比分别为18.88和15.90,发达地区小学和初中生师比分别为14.70和11.11;欠发达地区小学和初中的生师比分别是发达地区的1.28和1.43倍;欠发达地区每个教职工平均比中等发达和发达地区多教4~5个学生。

2. 教师学历水平方面

小学和初中高于规定学历教师比例分别为89.62%和84.98%,欠发达地区小学和初中分别为63.30%和51.14%。发达地区小学和初中高于规定学历教师比例分别比欠发达地区高26%和34个百分点。

3. 中高级职称教师比例方面

发达地区中高级职称教师比例略高于中等发达和欠发达地区。发达地区小学和初中中高级职称教师比例分别为60.64%和61.94%,中等发达地区小学为51.71%,欠发达地区初中为52.45%。发达地区小学中高级职称教师比例比中等发达地区高近9个百分点,发达地区初中中高级职称教师比例比欠发达地区高9个百分点。

(二)地区内差异研究

整体上看,GDP三类地区内师资队伍发展水平均有显著差异。发达地区各区县间教职工数量和中高级职称教师比例的差距比较大;中等发达地区各区县间教职工数量和高于规定学历教师比例的差距比较大;欠发达地区各区县间小学中高级职称教师比例的差距比较大。

CDP三类地区内师资队伍发展水平的差距明显大于地区间差距。

第七章 师资为本:加强义务教育均衡发展的师资建设

1. 教职工数量方面

生师比地区内差距较大,并且发达和中等发达地区内差距明显大于欠发达地区,发达和中等发达地区最高组县生师比均达到最低组县的1.9倍左右,欠发达地区小学和初中最高组县生师比分别为最低组县的1.74和1.50倍。不同经济发展水平地区小学生师比最高组县每个教师均比最低组县多教10个学生,初中生师比最高组县每个教师比最低组县多教7~9个学生;其中欠发达地区小学最高组县生师比超过国家规定的23:1的最高线,初中最高组县生师比超过国家规定的18:1的最高线。

2. 教师学历水平方面

高于规定学历教师比例地区内差距较大,并且中等发达地区内差距明显大于发达和欠发达地区,初中阶段明显大于小学阶段。中等发达地区内小学高于规定学历教师比例差距最大,最高组县高出最低组县27个百分点,欠发达地区内差距最小,最高组县高出最低组县14个百分点;中等发达地区内初中高于规定学历教师比例差距最大,最高组县高出最低组县近44个百分点,发达地区内差距最小,最高组县高出最低组县近17个百分点。

3. 中高级职称教师比例方面

中高级职称教师比例地区内差距较大,并且小学阶段欠发达地区内差距最大,初中阶段发达地区内差距最大。中高级职称教师比例,小学阶段欠发达地区内差距最大,最高组县高出最低组县40个百分点,中等发达地区内差距最小,最高组县高出最低组县31个百分点;初中阶段发达地区内差距最大,最高组县高出最低组县31个百分点,欠发达地区内差距最小,最高组县高出最低组县近25个百分点。

三、县域间师资队伍发展水平差异

本调查采用变异系数、最高组和最低组的倍率或差值测算县域间义务教育均衡发展水平。通过变异系数即各区县各指标标准差与平均值之比来反映县际差距,变异系数越小说明县际均衡程度越高。最高组和最低组的倍率或差值测算法是将各区县按指标值排序,再按区县数平均分为五组,每组占20%,用最高组和最低组的各指标平均值之比或平均值之差来反映县际差距。其中,高于规定学历教师比例和中高级职称教师比例两项指标采用差值法测算,其他指标项均采用倍率进行测算。为了考察分布在东中西部地区和不同经济发展水平地区的区县义务教育发展水平是否存在差异,我们将各指标按指标值从低到高排序,再按县数平均分成较低、中等、较高三组,分别赋予1级、2级、3级三个等级,将各指标的等级与东中西部地区和不同经济发展水平分别作列联分析。

整体上看,各区县间师资队伍的数量和结构发展都很不均衡,各指标的均衡程度比较接近。各指标的变异系数均低于0.3,小学高于规定学历教师比例的县域间变异系数略低于其他指标,仅为0.19。

采用变异系数和倍率/均差两种测算方法计算的教师队伍县际均衡程度,结果基本一致。

(一)教职工数量方面

总体而言,最高组县的生师比是最低组县的2倍左右,在生师比最高组县,平均每个教师比最低组县多教10～11个学生。

具体地,生师比较高的县主要分布在中西部地区,有2个县小学的生师比超过国家规定的23∶1的最高线,有4个县初中的生师比超过国家规定的18∶1的最高线。

东中西部区县初中生师比有显著差异,东部区县生师比低于

第七章 师资为本:加强义务教育均衡发展的师资建设

中西部区县。东部53.3%的县生师比处于较低组,而中部46.7%的县处于较高组。

不同经济发展水平的区县初中生师比有显著差异,欠发达区县生师比高于中等发达和发达区县。71.4%的欠发达县生师比处于较高组,50%的中等发达县和50%的发达县生师比处于较低组。

(二)教师学历水平方面

总体而言,高于规定学历教师比例的县际差异初中阶段高于小学阶段,最高组县的高于规定学历教师比例小学阶段比最低组县高36.25%,初中阶段比最低组县高53.82%。

具体地,东中西部区县的高于规定学历教师比例有显著差异,东部区县教师学历水平明显高于中西部区县。东部分别有60%的县小学和66.7%的县初中高于规定学历教师比例处于较高组,而在中部和西部分别有40.0%和58.3%的县小学高于规定学历教师比例处于较低组,分别有46.7%和41.7%的县初中高于规定学历教师比例处于较低组。

不同经济发展水平的区县高于规定学历教师比例有显著差异,发达区县教师学历水平明显高于欠发达区县。分别有78.6%的欠发达县小学和50%的欠发达县初中高于规定学历教师比例处于较低组,分别有78.6%的发达县小学和85.7%的发达县初中高于规定学历教师比例处于较高组。

(三)中高级职称教师比例方面

总体上,最高组县的中高级职称教师比例小学和初中阶段分别高出最低组县42.96%和35.43%。

具体地,东中西部区县中高级职称教师比例有显著差异,东部区县中高级职称教师比例明显高于西部。东部66.7%的县小学和60.0%的县初中中高级职称教师比例处于较高组,而西部58.3%的县小学和66.7%的县初中中高级职称教师比例处于较低组。

不同经济发展水平的区县初中中高级职称教师比例有显著差异,发达区县初中中高级职称教师比例明显高于欠发达区县。64.3%的欠发达县初中中高级职称教师比例处于较低组,64.3%的发达县初中中高级职称教师比例处于较高组。

四、县域内城乡间师资队伍均衡发展水平

本调查采用均值倍率或均值差测算县域内城乡间义务教育均衡发展水平,即用各区县城镇和农村的各指标平均值之比或平均值之差来反映城乡差距,比值大于1或差值大于0说明该指标城镇情况优于农村,比值小于1或差值小于0说明该指标农村情况优于城镇。其中,高于规定学历教师比例、中高级职称教师比例和骨干教师比例采用均值差,其他指标均采用均值倍率。

整体上看,师资队伍的县域内城乡差距较大,农村教师数量比城镇更充足,但城镇教师素质比农村更高,并且城乡差距较大的区县主要集中在中西部地区。

（一）教职工数量方面

县域内生师比的城乡差距小学大于初中,城乡差距较大的区县主要集中在中部地区。

38.24%的区县小学生师比的城乡比值为0.8~1.2,县域内小学生师比的城乡差距西部区县最小,中部区县最大。23.53%的区县小学生师比的城乡比值大于1.5,这些区县主要集中在中部地区。

58.82%的区县初中生师比的城乡比值为0.8~1.2,县域内初中生师比的城乡差距东中西部区县比较接近。8.82%的区县初中生师比的城乡比值大于1.5,这些区县全部集中在中部地区。

88.24%的区县小学生师比的城乡比值大于1,64.71%的区县初中生师比的城乡比值大于1,也就是城镇学校生师比大于农

村,这可能与农村学生向城镇流动以及城镇学校的办学规模较大有关。

(二)教师学历水平方面

县域内高于规定学历教师比例的城乡差距小学大于初中,小学城乡差距较大的区县主要集中在中部地区。

38.24%的区县小学高于规定学历教师比例的城乡差在10个百分点之内,东部区县县域内小学高于规定学历教师比例的城乡差距最小,中部区县最大。20.59%的区县小学高于规定学历教师比例的城乡差大于25个百分点,城乡差最高达35.51%,这些区县主要集中在中部地区。

41.18%的区县初中高于规定学历教师比例的城乡差在10个百分点之内,东部区县县域内初中高于规定学历教师比例的城乡差距最小,西部区县最大。8.82%的区县初中高于规定学历教师比例的城乡差大于25个百分点,城乡差最高达47.52%,这些区县主要集中在中西部地区。

(三)中高级职称教师比例方面

县域内中高级职称教师比例的城乡差距较大,城乡差距较大的区县主要集中在中西部地区。

41.18%的区县小学中高级职称教师比例的城乡差在10个百分点之内,西部区县县域内小学中高级职称教师比例的城乡差距大于中东部区县。11.76%的区县小学中高级职称教师比例的城乡差大于25个百分点,城乡差最高达44.22%,这些区县主要集中在西部地区。

35.29%的区县初中中高级职称教师比例的城乡差在10个百分点之内,中西部区县县域内初中中高级职称教师比例的城乡差距大于东部区县。17.65%的区县初中中高级职称教师比例的城乡差大于25个百分点,城乡差最高达53.17%,这些区县主要集中在中西部地区。

(四)骨干教师比例方面

县域内骨干教师比例的城乡差距较大。

38.24%的区县小学骨干教师比例的城乡差在5个百分点之内,县域内小学骨干教师比例的城乡差距东中西部区县比较接近。11.76%的区县小学骨干教师比例的城乡差大于15个百分点,城乡差最高达20.89%。

52.94%的区县初中骨干教师比例的城乡差在5个百分点之内,县域内初中骨干教师比例的城乡差距东中西部区县比较接近。8.82%的区县初中骨干教师比例的城乡差大于15个百分点,城乡差最高达24.64%。

五、县域内学校间师资队伍均衡发展水平

本调查采用变异系数、最高组和最低组间的倍率或差值测算学校间义务教育均衡发展水平。变异系数是用各学校各指标标准差与平均值之比来反映校际差距,变异系数越小说明校际均衡程度越高。最高组和最低组间的差值是将县域内学校按指标值排序,再按学校数平均分为五组,每组占20%,用最高组和最低组的各指标平均值之比或平均值之差来反映校际差距。其中,高于规定学历教师比例、中高级职称教师比例和骨干教师比例采用差值,其他指标均采用倍率。

整体上看,教师队伍的校际差距非常大,并且小学大于初中,高于规定学历教师比例和中高级职称教师比例表现尤为突出。教师队伍素质越高,其校际均衡程度就越高。

(一)教职工数量方面

生师比的校际差距很大,并且小学阶段大于初中阶段,校际差距较大的区县主要集中在中部地区。

83.33%的区县小学生师比的校际差距在2倍以上。35.71%

的区县小学生师比的校际差距在3倍以上,这些区县主要集中在中部地区。47.62%的区县最高组的学校平均生师比超出国家规定的23∶1的最高线。

54.76%的区县初中生师比的校际差距在2倍以上。14.29%的区县初中生师比的校际差距在3倍以上,这些区县主要集中在中西部地区。50.00%的区县最高组的学校平均生师比超出国家规定的18∶1的最高线。

东中西部区县小学生师比的均衡程度有显著差异,东西部区县生师比均衡程度明显高于中部。东部和西部分别有40.0%和41.7%的区县生师比变异系数处于较低组,而中部有60.0%的区县处于较高组。

初中生师比不同的区县其生师比的均衡程度有显著差异,生师比值越高均衡程度越高。生师比较低的组有57.1%的县处于变异系数的中等组,有42.9%的县处于变异系数的较高组,而生师比中等和较高的组均有50%的县处于变异系数的较低组。

(二)教师学历水平方面

高于规定学历教师比例的校际差距非常大,并且小学大于初中,校际差距较大的区县主要集中在中西部地区。

23.81%的区县小学高于规定学历教师比例的校际差距在20个百分点之内,中西部区县小学校际差距远高于东部区县。47.62%的区县小学高于规定学历教师比例的校际差距大于50个百分点,校际差距最高达100%,这些区县主要集中在中西部地区。

14.29%的区县初中高于规定学历教师比例的校际差距在20个百分点之内,西部区县初中校际差距高于中东部区县。14.29%的区县初中高于规定学历教师比例的校际差距大于50个百分点,校际差距最高达87.50%,这些区县主要集中在西部地区。

东中西部区县高于规定学历教师比例的均衡程度有显著差

异,东部区县均衡程度明显高于中西部区县。东部小学和初中分别有60.0%和66.7%的县高于规定学历教师比例的变异系数处于较低组,而中部小学和初中分别有60.0%和41.7%的县处于较高组,西部小学和初中分别有46.7%和58.3%的县处于较高组。

不同经济发展水平的区县高于规定学历教师比例的均衡程度有显著差异,经济越发达均衡程度越高。欠发达地区小学和初中分别有64.3%和50.0%的县高于规定学历教师比例的变异系数处于较高组,而发达地区小学和初中均有78.6%的县处于较低组。

高于规定学历教师比例不同的区县其均衡程度有显著差异,指标值越高均衡程度越高。高于规定学历教师比例较低的组小学和初中分别有71.4%和78.6%的县处于变异系数的较高组,而高于规定学历教师比例较高的组小学和初中分别有100%和85.7%的县处于变异系数的较低组。

(三)中高级职称教师比例方面

中高级职称教师比例的校际差距非常大,并且小学大于初中,校际差距较大的区县主要集中在中西部地区。

11.90%的区县小学中高级职称教师比例的校际差距在30个百分点之内,中西部区县小学校际差距高于东部区县。61.90%的区县小学中高级职称教师比例的校际差距大于50个百分点,校际差距最高达100%,这些区县主要集中在中西部地区。

7.14%的区县初中中高级职称教师比例的校际差距在30个百分点之内,中西部区县初中校际差距高于东部区县。33.33%的区县初中中高级职称教师比例的校际差距大于50个百分点,校际差距最高达69.45%,这些区县主要集中在中西部地区。

东中西部区县中高级职称教师比例的均衡程度有显著差异,东部区县均衡程度明显高于中西部区县。东部小学和初中均有

66.7%的区县中高级职称教师比例的变异系数处于较低组,而西部小学和初中分别有58.3%和66.7%的县处于较高组。

中高级职称教师比例不同的区县其均衡程度有显著差异,指标值越高均衡程度越高。中高级职称教师比例较低的组,小学和初中均有64.3%的县处于变异系数的较高组;而中高级职称教师比例较高的组,小学和初中分别有64.3%和71.4%的县处于变异系数的较低组。

(四)骨干教师比例方面

骨干教师比例的校际差距非常大,并且小学大于初中,校际差距较大的区县主要集中在东中部地区。

14.29%的区县小学骨干教师比例的校际差距在10个百分点之内,东中部区县小学校际差距高于西部区县。26.19%的区县小学骨干教师比例的校际差距大于30个百分点,校际差距最高达52.76%,这些区县主要集中在东中部地区。

14.29%的区县初中骨干教师比例的校际差距在10个百分点之内,东中部区县初中校际差距高于西部区县。23.33%的区县初中骨干教师比例的校际差距大于50个百分点,校际差距最高达47.57%,这些区县主要集中在东中部地区。

骨干教师比例不同的区县其均衡程度有显著差异,指标值越高均衡程度就越高。骨干教师比例较低的组,小学和初中分别有78.6%和64.3%的县处于变异系数的较高组;而骨干教师比例较高的组,小学和初中分别有78.6%和71.4%的县处于变异系数的较低组。

六、义务教育均衡发展视域下的师资配置现状

本节对教师队伍结构选择了教师数量、年龄结构、学历结构、职称结构、性别结构和教师流动状况六个衡量指标。此部分内容主要依据中国国家教育统计数据进行分析论述。

（一）教师数量现状

在编教师占核定编制人数的比例情况和生师比是衡量教师数量是否合理的重要指标。从城乡义务教育师资数量来看,城乡教师在教师数量上还存在着差距。农村初中和农村小学的专任教师数与折合在校学生数要优于城市学校,甚至有的农村学校或城镇薄弱学校在校生人数呈逐年减少趋势,以前核定的编制数量超过了学校的实际需要,出现教师超编的现象。但同时农村学校又存在着一个教师同时担任两门学科甚至不同年级教学任务的现象,以及体、美、音教师严重缺乏的现象。

（二）教师年龄结构现状

教师队伍年龄结构合理是建设一支稳定精良的教师队伍的必要前提。保持各级教师老中青的恰当比例对保证教师队伍充满活力、可持续发展有重要作用。通过教育部网站相关数据可知：全国小学和初中专任教师的年龄呈现出两头小、中间大的态势,基本上是比较合理的。

（三）教师学历结构现状

农村中小学教师的学历较之以前有了显著提升,这种提升表现在农村教师个体学历提升和农村教师群体学历整体提升两个方面。

(1)在学历的自我提升方面,以本科学历为例,目前的最高学历为本科的比例提升幅度非常明显。

(2)从城乡比较的角度看,农村教师的学历水平较城市学校还有一定差距,城市学校教师学历为本科的比例较农村学校教师高。单从学历比较来看,城乡教师的差异十分显著。

（四）教师职称结构现状

从城乡对比的角度看,中小学教师职称存在较大差距。从小

第七章 师资为本:加强义务教育均衡发展的师资建设

学教师职称上看,县镇小学"小教高级"所占比例最大,农村小学最少。中学教师职称方面,从城市到县镇,再到农村,具有"中学高级"职称的教师所占比例不断减少。县镇初中和农村小学成为职称短板。

另外,隐藏在高级职称所占比例差异明显的职称构成背后的是城乡教师在职称晋升时间上的差别。调查发现:城市、县镇和农村初中教师获得中学高级职称时的年龄相对于城市、县城、乡镇和农村小学教师获得小教高级职称时的年龄普遍偏高。城乡教师的职称晋升时间总体呈递增趋势,农村学校教师花费的时间最多,尽管在农村学校有一定比例的高级职称教师,但这部分教师的年龄普遍偏大。

(五)教师性别结构状况

教师性别结构是指不同性别的教师占总教师人数的比例。教师的性别比例对教育的影响是隐性的,间接关系到学生的身心健康成长和教育质量的提升。作者认为,义务教育教师均衡发展也表现在教师性别结构的均衡,男女教师的性别比例越均衡,越有利于学生的全面发展,也越有利于教师的专业发展和教育质量的提升。

而调查显示,无论是小学还是初中,女教师占专任教师的比例呈现出从城市到农村逐渐减少的趋势,城市教师更为"女性化",县镇次之,农村学校中女教师所占比例最小。可见,整体而言,义务教育阶段男女比例是失衡的,其中城市学校教师性别失衡现象最严重。

(六)教师的流动状况

据研究发现,小学和初中自主流动的教师主要流向同级行政地区学校和上级行政地区学校。学校这种单向流动导致优质师资从农村学校向城镇学校集中,从薄弱学校向优质学校集中,从而严重影响义务教育的城乡和学校间均衡。小学和初中政策性流动的教师主要流向同级行政地区的薄弱学校和下级行政地区学校。以城镇学校教师到农村学校、优质学校教师到薄弱学校支教和轮岗交流为主,而农村学校、薄弱学校教师较少有机会到城市学校、优质学校轮岗交流学习。

七、义务教育均衡发展视野下师资有效使用现状

义务教育均衡发展视野下的师资有效使用是指根据当前师资队伍的数量、结构、流动现状,教育行政部门和学校采取措施使教师资源得到充分、合理地使用,最大限度地实现教师的社会价值和自我价值,以促进义务教育事业的优质均衡发展。

义务教育均衡发展视野下的师资有效使用是指根据当前师资队伍的数量、结构、流动现状,教育行政部门和学校采取措施使教师资源得到充分、合理地使用,最大限度地实现教师的社会价值和自我价值,以促进义务教育事业的优质均衡发展。

(一)教师的敬业状况

教育事业是一项需要用生命去热爱、去关怀的事业,需要教师真正做到爱岗敬业,有强烈的责任感和使命感,以天下为己任,乐于奉献自我,脚踏实地,认真工作。教师对教育职业的热爱程度直接决定教师是否能以积极健康的心态投身到教育事业中,为教育事业贡献自己的力量。在面对学校的任务时,敬业的教师愿意付出额外的时间和精力去完成学校的任务。教师除了要完成日常的教育教学任务以外,还要处理各种学校的其他事务。这些巨大的工作量导致了教师的工作压力的增大,能否承受这样的工作压力也是衡量教师敬业程度的一项指标。因此,可以从三方面对教师的敬业程度进行调查,对教师对职业的热爱程度分为"很低、较低、一般、较高、很高"五个层次,对教师愿意付出额外的努力去帮助学校完成使命的情况分为"很少、较少、一般、较多、很多"五个层次,对教师所承受的工作压力状况分为"很小、较小、一

第七章 师资为本:加强义务教育均衡发展的师资建设

般、较大、很大"五个层次,分别赋值为 1、2、3、4、5。

调查结果显示:整体上,教师还是比较敬业的,能够做到热爱自己的职业,乐于完成学校的任务,能承受较大的工作压力。从差异上分析,城市教师和农村教师在对职业的热爱程度和承受工作压力的状况上没有显著差异,但是在愿意付出额外努力帮助学校完成使命方面,城市教师和农村教师有较大差异,且城市教师的情况不如农村教师。由此可见,城市教师还有很大的发展空间。

(二)关注与接纳新知识状况

教师的专业发展首先涉及教师是否有主动学习的需求,这就与关注与接纳新的教育理念和知识密切相关。义务教育阶段正是学生全面发展的基础阶段,能否以新的教育理念引导学生形成创新意识,能否让学生掌握新的知识,都与教师本人对新教育理念、学科知识的关注、接纳并自觉运用有直接关系。现在国家提倡教师要接触和学习新的教育教学理念,并关注自己学科的新知识。因此,可以以新的教育教学理念和新的学科知识的关注情况作为衡量教师关注与接纳新知识的指标进行调查。

调查结果显示:就关注新的教育教学理念而言,0.5%的教师关注度很低,5.4%的教师关注度较低,43.0%的教师的关注度一般,42.5%的教师关注度较高,8.1%的教师关注度很高。总体而言,教师对于新的教育教学理念的关注度是令人乐观的。但是城乡存在着一些差异,城市学校教师对于新的教育教学理念的关注度,选择较高和很高的占到53.4%,县镇学校教师占44.7%,而农村学校教师占48%。并且,在对农村和县镇教师的访谈中发现:一些教师平时备课、上课和批改作业的时间都很紧张,没有多余的时间学习新的教育教学理念,再加上农村地区比较偏远,信息闭塞,有很多前沿知识不能及时传播,教师也就不太可能进行关注和学习。而且,很多教师认为只要在自己的教学中按照上级部门的要求去做,并不思考教育教学,更不会在教学中关注新的教育教学理念。这些表现在县镇和农村教师中较为普遍。从不同类型的学校角度去分析,优质学校的教师对于新的教育教学理念的关注度,选择较高和很高的占 70.8%,普通学校的教师占 47.8%,而薄弱学校的教师仅占 38.6%。三类学校呈现出明显的差异,优质学校教师对于新的教育教学理念的关注度明显高于普通学校和薄弱学校。

除了新的教育教学理念外,教师对于自己所教学科新知识的关注度也有所区别。从总体上看,0.8% 的教师对学科新知识的关注很低,3.5% 的教师对学科新知识关注较低,27.4% 的教师关注度一般,55.1% 的教师关注度较高,12.4% 的教师关注度很高。从城市学校和乡村学校上看,面对同样的问题,68.3% 的城市教师选择了较高和很高,59.6% 的县镇学校教师选择较高和很高,68.8% 的农村教师选择较高和很高,城市教师和农村教师没有出现很大差异,反而农村教师对于学科新知识的关注度比城市教师还要高一些,究其原因,可能与农村学校对于学科知识的重视程度及教师自身的重视程度有关。从学校类型上看,优质学校的教师对学科新知识给予较高和很高的关注度比例是 80.5%,普通学校是 65.2%,薄弱学校是 61.4%,三类学校差异明显。

(三)教师的学生观情况

优质教学应真正体现以学生为主体,课堂上教师必须充分激活学生的思维,发挥学生的主体作用,如让学生交流合作讨论问题等。课堂教学公平是教育公平的重要方面。教学公平反映到课堂上,就是要求教师关注到课堂上每个学生,不仅关注学生的学习状况,还要关注学生的心理发展状况,及时了解学生的心理变化,对心理出现问题的学生及时给予帮助,全方位多方面地关注每个学生的成长。评价是促进教与学的有力工具,教师是否能恰当运用评价手段激励学生、有效利用评价手段激励学生学习的积极性直接影响到教学的质量。为此,我们围绕两个方面的问题进行了调查,对结果进行五级量化,对教师能给出客观准确评价的学生比例分为"1%～20%、21%～40%、41%～60%、61%～80%、81%～100%"五个范围,对教师对学生进行心理辅导的能力情况分为"很低、较低、一般、较高、很高"五个层次,水平依次升高,并分别赋值1、2、3、4、5。(因县镇也属于农村地区,所以在分类时把县镇学校也归入农村学校这一类)。

总体来说,教师能客观准确地评价学生的范围和教师对学生心理辅导的能力还是处于中等偏上的水平。城市和农村教师能给出客观准确评价学生的比例范围没有显著差异,且基本能够做到客观准确的评价61%～80%的学生。但是在教师对学生进行心理辅导的能力上,城市教师和农村教师存在显著差异,且农村教师对学生进行心理辅导的能力要略高于城市教师,可见农村学校还是比较重视对学生进行心理教育的。究其原因,可能和农村学生比较少,而且农村地区学生容易出现心理问题,教师对此比较关注有关。

(四)教师的职业幸福感状况

教师在上课前、上课时和上课后的精神状况可以直接反映教师的工作态度,影响教师的职业幸福感。同时,教师对自己努力工作所得和学校相关工作管理制度(如晋升制度、考核制度等)的认可程度的高低也决定了教师职业幸福感的大小。考虑到这些方面,可以主要围绕以下几方面进行调查:教师课前对取得较好教学效果的期待、上课心情愉悦、课后成功体验、工作充满活力、工作量和工资的匹配程度、对学校激励措施的认可程度,对晋升机制合理性的认识、对考评机制的认识、对培训内容、方式、效果的满意度。每个问题都从低到高分为五级水平,分别赋值为1、2、3、4、5。

从总体上看,教师的工作满意度一般,可见教师对本职工作的满意度处于中等水平。城乡差异分析的结果可知:教师在课前、课上和课后的精神状态没有显著性的差异,并且在对工资待遇、激励措施、晋升机制、培训活动的满意度上,城乡教师也没有区别,城市教师和农村教师唯独在对学校评价考核机制的认识上存在着明显的差异,在这方面农村教师对评价考核机制的认可程度要高于城市除了以上的调查数据分析外,我们可以从听课、座谈中普遍感受到在课堂语言组织、教材的理解、课堂的驾驭、信息化手段的运用等方面,城市优质学校高于薄弱学校,县城优质学校高于乡村学校。

此外,不同教龄、不同任教科目、不同从教年级、不同工作内容的承担、不同"职务"、不同学历的教师的职业幸福感也存在差别。具体表现如下。

(1)教龄为 1 年及以下,1～5 年(含 5 年),5～20 年(含 20 年),20 年以上这四个中学教师群体的职业幸福感存在显著性差异。其中 5～20 年(含 20 年)教龄的中学教师职业幸福感程度是最低的。

(2)主副科教师的职业幸福感并没有显著的差异,但在工作吸引力和健康状况等因素方面存在着显著差异。在工作吸引力方面,副科教师的工作吸引力高于主科教师的工作吸引力;在健康状况方面,副科教师的健康状况好于主科教师。

(3)初中和高中教师在职业幸福感方面存在极其显著的差异,因为高中教师承受的压力比初中教师更大。高中教师比初中教师每天都多个晚自习,同时假期时间也短,相比较来看,高中教师比初中教师的工作量大得多;其次就升学率、家长和社会的期望来说,高考在学生未来发展中扮演着极其重要的角色,在包括学生、家长、学校、社会都以高考为中心的大背景下,高中教师也要加入紧张的高考备战中,所以高中教师的职业幸福感显著低于初中教师。

(4)在身体健康上,非班主任教师的身体健康得分显著高于班主任教师。班主任承担教学任务和班级管理等工作,不过职业幸福感与非班主任教师并没有显著差异。

(5)中层干部与年级组长的职业幸福感并不存在显著性差异。一般教师职业幸福程度最低,中层干部职业幸福程度最高。

原因可能在于中层干部的教师大部分时间参与学校的管理和建设,有较多的发言权机会,而一般教师处于被动者的地位,在精神上缺乏归宿感,在专业上失去自由和自主,因而职业幸福程度较低。

(6)不同学历教师在职业幸福感上并未存在显著差异,这说明了中学教师的职业幸福感不受自身学历的影响,教师职业幸福感指数不会随着学历的变化而变化。

(五)教师教育教学研究能力状况

在新课程改革以前,教师只是参与课堂教学和对学生进行管理,教育教学研究不属于教师的工作范围,它是高校科研人员的任务。在新课程改革后,"教师即研究者"这一口号逐渐深入每一位教师心中,越来越多的教师不仅重视日常的教育教学,也同样重视自己的教育教学研究能力,能够结合教学不断进行反思,发现教学中存在的问题进而加以改进。在调查教师的教育教学能力时,可以选取"教师对课堂教学进行反思的情况"和"教师参与教学研究、撰写论文等提炼教学经验的情况"两个问题,每个问题都分为"没有、较少、一般、较多和很多"五个等级,分别赋予1、2、3、4、5分。

结果分析显示:总体上教师进行课堂教学反思和参与课题研究、撰写论文等提炼教学经验的情况有一定的差异,教师进行教学反思的情况能达到较好的水平但是提炼教学经验的情况只能达到一般水平,可见教师在平时不能够经常通过课题研究和撰写论文等方式提炼教学经验,今后应加强在这方面的学习,积极参与课题,撰写论文。在进行城市与农村教师的对比时,发现城市教师在进行教育教学研究方面要显著好于农村教师,能力也要比农村教师强,呈现出较大的差异。除此之外,我们还针对教师教育科研的问题编制调查问卷进行了专门调查。调查发现,当前义务教育学校的教育科研还存在着以下问题:价值认识不清、功利主义倾向严重;理论薄弱,缺乏系统的教育科研知识和能力;学校缺乏必要的科研支持，教师的积极性不高；学校科研管理制度不完善，教育科研成果应用和推广弱化。

1. 教师对教育科研的价值认识存在偏差，功利主义倾向严重

教育科研的目的是解决教育教学改革中遇到的实际问题，促进教育教学质量的提高，以及教师的成长和学校的发展。大部分教师已经认识到教育科研对提高教育教学质量提高、促进教师专业发展和提高学校知名度的作用，但是大部分教师认为教育科研对解决教育教学中的实际问题有一些帮助，16.6％的教师认为教育科研没有帮助，科研与教学工作是两码事甚至影响常规工作。教育科研是学校的一项重要工作，很多学校出台相关政策鼓励教师从事教育科研工作，还将科研成果作为评价教师业绩的一个重要指标。但是，很多教师进行教育科研不是为了教学需要，也不是为了自身发展需要，而是为了完成学校布置的任务或者是为晋级、评优、考核创造有利条件。他们对教育科研的价值认识存在偏差，功利主义倾向严重。很多教师是为了做科研而做科研，没有认识到科研与教学的联系，导致看似有了科研成果但不能为教学服务，非但没有促进教育教学质量的提高，反而浪费了很多时间，不利于教师素质的提高。还有一部分教师认为搞教育科研是高校和教育科研机构的事情或者领导的事情，与教师个人无关。

2. 教师的教育科研理论薄弱，缺乏系统的教育科研知识和能力

调查发现教师的科研理论薄弱和科研知识及能力比较欠缺。义务教育阶段教师在平时的教育教学中积累了丰富的教学经验，但由于他们长年从事繁重的教学工作，学习教育理论的时间很少，导致理论基础薄弱，科研能力欠缺。很多教师选题刻意地"求全、求新、求大"，有些课题宽泛到足以涵盖整个教育领域。在调查中，只有40.5％的教师能够选择合适的课题名称，大部分教师对于选题定位不准确，同时，52％的教师认为没有必要对关键概

第七章 师资为本:加强义务教育均衡发展的师资建设

念进行界定,这些都反映了教师的科研理论薄弱。在教育科学研究方法的选择上,55.5%的教师不了解教育科学研究方法的规范表述,绝大部分教师不能选择恰当的方法进行研究,对于研究方法的适用范围和作用理解不深,这些也体现了教师的科研知识结构失衡。

3. 学校缺乏必要的科研支持,教师的积极性不高

教师对教育科研的顺利开展离不开学校的支持,教师收集科研信息、购买科研资料以及外出调研都需要一定的经费。但调查显示:只有19.6%的学校提供全部或大部分科研资金,25.2%的学校提供一部分科研资金,55.2%的学校不提供科研资金,教育科研经费的匮乏为教师开展研究带来了困难。学校缺乏必要的科研经费支持与投入,没有为教师提供学术期刊、文献数据库、书籍资料、实验仪器设备等必要的物质条件,严重影响了教师科研的积极性和科研的质量。

调查中,24.7%的教师通过教育培训获得教育科研所需资料,42.3%的教师通过网络资源获得,18.7%的教师自己购买或通过借阅资料,还有14.3%的教师通过其他途径获得。资料的获取途径和丰富程度也影响着教师教育科研的开展,大部分教师认为教育科研困难重重。

教师对教育科研的有效进行必须了解课题的来源、研究的方法及研究报告的撰写等课题研究的基本理论知识和规范。但调查显示教师在选题、课题研究和研究总结中面临着诸多困难,其中,大部分教师不知如何将现实中的问题转化为研究课题,不清楚如何对研究目标进行分解并构建问题网络,不了解选择恰当的研究方法并有效使用,对提炼的方法和视角知之甚少。这也反映了学校对教师的科研培训欠缺,没有为教师提供良好的学习平台。现实的科研困难使教师对教育科研望而生畏,研究的积极性不高。

4. 学校科研管理制度不完善，教育科研成果应用和推广弱化

学校的科研管理制度是教师开展教育科研的保障，科学合理的教育科研管理制度能够引导、激励和监督教师很好地进行研究，把科研和教学紧密结合起来，切实解决教育教学中的实际问题。调查显示：32.7%的学校有专门的教育科研管理制度并按制度执行，33.6%的学校有制度但没有付诸实践，33.7%的学校没有相应的制度，中小学教育科研管理制度的缺失与不完善使教师不能充分认识对教育科研的重要性，监督教师有效开展教育科研，并积极应用和推广研究成果。

学校对教育科研工作的重视程度不够、执行力不强。39.5%的学校把教育科研工作列入基本任务行列，18.7%的学校虽列入计划但执行不到位，41.8%的学校计划中未予重视。大部分教师认为开展教育科研最大的困难是日常教学任务重，没有时间和精力搞课题研究，还有很多教师认为领导不重视，对教育科研缺乏必要的奖励和鼓励措施，还有一些教师认为得不到优秀教师或专家的引导和帮助，这就需要学校完善科研管理制度，保障教师有时间进行教育科研，并通过相应措施激发教师研究的动力。

将有价值的教育科研成果进行应用和推广是教师教育科研的必要环节。但学校对教育科研成果的应用和推广重视不够。关于研究成果推广中最主要的困难，14.9%的教师认为研究成果的科学性值得怀疑，41.5%的教师认为研究成果的表述不够具体，难以进行实践操作，43.6%的教师认为管理部门（包括学校）缺乏相应的推广机制。即使研究成果具有科学性，学校也没有很好地对成果进行推广，超过一半的学校对上级行政部门或业务部门鉴定或表彰过的科研成果不予理睬或表扬、奖励后束之高阁，只有21.8%的学校多次举办科研成果交流展示会，较大力度进行科研成果推广和转化。

第七章　师资为本：加强义务教育均衡发展的师资建设

第二节　教师队伍对县域义务教育均衡发展的制约

　　正如所见，城市学校与农村学校在教育质量上存在着明显差别，其中一个重要的因素即教师队伍的状况差异。

　　教师这一职业有着与公务员相类似的稳定性，而且有很大一部分老师的工资收入甚至高出了同地区公务员很多，这对于教师队伍的稳定性不得不说是非常关键的。然而，教师工资之高并非具有普遍性，教师之间的工资也是相差悬殊。通常，农村教师工资普遍偏低，单与所处县城教师相比就存在很大的差距，与市直、省直教师的工资相差之多可以想象。

　　以县为主的管理体制自提出以来，与之前相比确实有了很大改进，例如，有些县教师工资统一由乡镇交到县里，并由县政府根据各地情况按时、足额发放，大大改善了教师工资的拖欠问题。但这与县直还是有很大不同，并没有从本质上改变问题，各乡镇教师之间、乡镇与县城教师之间工资不统一的情况依然没有改变。除此之外，乡镇教师所享受的福利也远不如县城的教师工资，住房补贴、住房公积金都更低，车改、通讯费改革等各项优惠更是无福消受。

　　再说文化体育设施等，农村更是远不如城市。如果说有个别极少的优秀的农村教师的工资险胜于城市教师，那么其在生活条件、各项文化设施的享受方面却很难追赶上城市教师了。另外还有各项活动、文化、培训等等方方面面，农村都是无法与城市相媲美的。

　　凡此种种就导致了教师的流动。据调查，90%以上的教师更愿意在城里工作。这就使得农村教师往往更愿意抓住一切机会向城市调动，遇有先进地区招聘教师也会更加积极参与，农村教师的稳定性可见一斑。

一方面,优秀的师范毕业生不愿到农村去工作,只有极少数的优秀者流入农村中小学,且这其中还有相当一部分会再找机会进入城市。另一方面,农村中小学教师编制少、学校规模不大,一个教师往往要承担多项工作,教学及各项任务繁重,导致其无暇腾出更多的时间来参与各类培训,也无暇对自己的教学实践进行反思梳理等,总体上素质水平、科研能力以及教育教学水平偏低,阻碍了自身的发展。这也成为农村义务教育与城市均衡发展的一个重要的制约因素。

第三节 建设城乡均衡优良的师资队伍

学校教育的发展是否均衡,校长和教师队伍的水平是重要的决定因素。而实现教师队伍均衡的一项有力措施就是实施不同地区、不同水平的教师队伍的相互交流。

人在教育中发挥着决定性的作用,改革与发展教育,最关键、最根本的就是要建设一支有力的师资队伍。教师是贯彻、落实一切先进理念的执行者,教师队伍素质高,则落实和实践先进理念的水平相对而言会更高一些。可见,建设城乡均衡优良的师资队伍,对于推进县域义务教育均衡发展的作用之关键。

要建设城乡均衡优良的师资队伍,必须做到如下几点。

一、深化体制制度改革,强化教师队伍管理

要实现农村教师的素质提升,提高农村中小学教师的稳定性,体制问题值得思考。前面提到的由县区政府或县区教育部门直接负责县域内教师的工资发放、各项福利、各种关系调动等,对巩固农村教师队伍的稳定性能起到一定的积极作用,但力度还是远远不够的。要进一步缩小农村与城市教师的工资及各项福利等差距,遏制农村优秀教师不断流向城市的趋势,关键还要从制

第七章 师资为本：加强义务教育均衡发展的师资建设

度（即各项管理条例）上入手。可以从以下几个方面考虑：

第一，对在乡镇、村工作的教师，要尽一切合理的办法，大力提升他们的工资及福利待遇等。尤其是对于一些贫困、落后、条件艰难地区，更应加大提升力度。

第二，对在农村工作的教师，要适当增多晋升职称的指标，并优先晋职晋级；对城市教师晋职称，要提出一定的在农村工作的经历。

第三，对农村中小学教师，要尽可能地改善其生活、工作的各项条件，让他们能够具有与城市教师相当，甚至略高的待遇，以及个人发展的机会。

第四，要制定科学合理的交流和轮换制度，让优秀的资源能够为全县或全区的教师所共享，打破各地区、各学校间一潭死水的局面，让资源、人才充分流动起来，全方位实现师资队伍的均衡配备。

从某种意义上说，师资队伍的均衡配置是农村义务教育均衡发展的关键。

二、教育科研和教育实践反思，更新教育理念

教育者、教师及教育行政人员是教育活动的主要参与者，他们所携带的观念、他们所具备的素质，是均衡发展的关键所在。

更新教育者及广大教师们的观念的措施和办法有很多，包括参加培训、参观学习、行业交流、自学等。其关键还是在于其自身认识的问题，即一个人要从自己心底里认为想要去改变。否则，一切的强加都很难取得好的效果。

这就涉及了对教育者或教师们内驱力的引导和激发问题。学校应不断引导他们参与教育科研，反思教学过程及教学方法，激发他们转变固有观念，通过不断学习、提高来提升自身素质。

正如苏霍姆林斯基所言，如果你不想让课堂成为枯燥乏味的事情，就请走上研究这条幸福的道路上来吧。这里的研究，指真

正的自主的研究,是一种自愿的、内心喜欢的、全身心投入的活动,会有让人喜悦的感受,会有真实的触及灵魂的收获,会有深刻的内在的认识或观念的领悟。这些才是有用的,对具体的个体来讲才是真实的,因其是经过自己的研究体悟所内化了的,是其真正坚定地接受了的,而不是表层的外在的,只是被灌输或强加的。

义务教育的均衡发展依靠教师,依靠教师的素质教师的专业成长,更离不开教育科研和实践反思。教育科研和教育实践反思是促进义务教育均衡发展的重要途径,具体而言可从以下几方面着手。

第一,教师的专业发展需要其自身自主的发展作支撑,要引导教师主动投入科研,使其在科研中加深认识、取得成果,反之再来促进教师专业发展,从而不断增强其自身研究的内驱力。

第二,教师的专业发展应当作为教育均衡发展的重要一环,与学生发展、学校发展并重,通过创建教师专业发展学校,开展各项科研、培训等活动,主动与大学、与教师培训机构合作,以促进教师专业成长,培养其较高的专业精神修养,扎实的专业知识,最终组建起一支能够适应教育均衡发展需要的教师队伍。

第三,教育活动并不会随着课堂的结束而终结,要启发教师经常对自己的教育教学实践进行反思,只有不断地对教学工作进行总结、梳理、批判、反思,教师才能更好地提升自身教书育人的水平,从而不断推进义务教育均衡发展。

三、创新教师补充机制,实行校长、教师流动机制

义务教育的均衡发展,关键是校长、教师的均衡。优秀师资队伍的建设需要一个相对较长的过程,应注重创新教师补充机制、加强校长和教师培训,同时,实行校长、教师流动也是推动义务教育均衡发展的一种有效策略。

前面提到,城市的工资、福利及各方面条件决定了农村优秀教师不断向城市集中的现状,乡村学校很难留住优秀教师,反倒为城市一批批输送、培养优秀教师,自身难以得到发展。

第七章 师资为本:加强义务教育均衡发展的师资建设

对此,我国陆续提出了很多相关的措施,例如,提出城乡教师"对口支援"的交流方式,要求援助地区的学校要为受援地区的学校培养、培训骨干教师;提出建立城镇中小学教师到乡村任教服务期制度;提出要采取各种有效措施,建立区域内骨干教师巡回授课、紧缺专业教师流动教学、城镇教师到农村学校任教服务期等多项制度;提出健全城乡教师交流机制,推动校长和教师在城乡之间、学校之间的合理流动,鼓励优秀校长和骨干教师到农村学校和薄弱学校任职、任教,发挥示范、辐射和带动作用,建立完善城镇教师到农村学校任教服务期制度,等等。目前,有很多区县在实行校长和教师流动制度,并且也取得了一些不错的效果,积攒了不少成功经验。

创新教师补充机制,实行校长、教师流动机制,是促进区域内校际师资均衡发展的重要措施,虽然在不断的摸索和实践中已取得了一定成果,但也要注意到在推进过程中的难度及复杂度,认识到要促使教师真正流动起来是一项系统的大工程,它涉及制度创新、政策配套、管理创新等各项环节。

四、合理配置教师资源,完善教师教育体系

为实现城乡之间、区域之间义务教育学校教师的均衡配置,要在一定程度上将师资配置向农村学校倾斜。具体的可以是:增加农村教师编制和岗位,满足义务教育均衡发展对于师资总量、结构和素质的要求要;加大教师补充力度,做到对义务教育学校教师自然减员的及时补充;扩大实施国家"特岗计划",逐步扩大"农村学校教育硕士师资培养计划",支持各地实施地方"特岗计划",鼓励大学毕业生到农村和基层学校任教服务;推动师范院校组织高年级师范生实习支教,强化师范生实践环节,开展农村教师培训,支持农村教育;采取定向招生、定向就业、免费培养等措施为师资紧缺的农村贫困地区和少数民族地区培养"下得去、留得住、教得好"的教师;根据教师供求变化,科学增减师范生招生规模;完善师范类专业审批制度,规范中小学教师培养,建立教师

教育质量保障制度；等等。

通过各项措施的执行，可以确保义务教育教师的培养质量和数量，从而不断完善教师教育体系。

五、实施大规模的教师全员培训，大幅度提升教师素质

为大幅度提升教师素质，要对教师，尤其是以农村教师为主，组织实施固定周期的中小学教师全员培训。不断完善教师培训制度，建立教师培训学分管理制度，形成教师培训学分与教师资格定期注册、绩效考核、职务晋升紧密挂钩的激励和约束机制。完善教师培训保障机制，各级政府都应当设立教师培训专项经费。加大对农村教师培训的支持力度，农村学校公用经费的5%要保证用于教师培训。加强教师培训体系、培训资源和培训基地的建设。

第四节 实施有效的县域内义务教育教师质量监控

义务教育的关键在于教师质量。我国现阶段，县域内义务教育教师质量情况并不理想，县域内义务教育教师质量缺乏有效监控，许多监控的实效性很差。作为我国师资队伍主体的县域义务教育教师质量令人担忧，县域义务教育教师质量需要监控。

一、教师质量的重要性日益凸显

全球化背景下，优质教育是构建21世纪学习化社会的关键，近年来世界各国的教育改革都反映了这一趋势。未来的国际竞争是人才的竞争，而人才的培养靠教育，教育的关键在于教师质量。教师质量问题是优质教育的生命线。可以说，教师质量高低直接关系到一个国家教育事业的成败，乃至一个国家的前途和

命运。

教师质量水平影响教育质量,对此,世界各国已经达成共识。美国、英国、德国、韩国、印度、中国等国家在推行教育改革和发展过程中,无一不把教师质量作为重中之重。就我国而言,教师质量问题也已经受到重视。党的十九大报告中关于优先发展教育事业的内容,指出"加强师德师风建设,培养高素质教师队伍"。教育大计,其根本是教师。可以说,未来10年的教师质量决定着中国教育的成败。

实现教育公平的一大重要前提就是要提高农村教师质量,缩小城乡师资差距。目前,我国义务教育阶段教师质量差距较大、分布不均衡的问题尤为突出。这严重制约着农村中小学教学质量的提高。教师是任何教育系统的骨架,监控教师的质量是教育发展关键。

随着农村义务教育以县为主的管理体系的建立和完善,"县"在义务教育发展中的作用更加凸显出来,"县"的义务教育发展水平与质量更加关系到当地的社会经济发展与文明进步。为此,县域义务教育阶段教师质量问题更是需要首要解决的。

随着"两基"任务的完成,我国义务教育发展的重点也逐渐从普及向提高转变、从数量需求转向质量提升。县域义务教育教师也不能单单是满足数量的需求,而应该是在此基础上不断注重质量的提高。

综上所述,教师的质量问题是教育质量的核心所在。为保证和促进教师质量的提高,可以对县域义务教育教师质量进行科学合理的监控。

二、县域内义务教育教师质量缺乏有效监控

监控的出发点是要提高教师质量。虽然我国对义务教育阶段的教师的职前培养、入职标准、在职培训等都有相关的规定,但在县域义务教育教师的质量监控方面却还没有一个相对成熟的

体系，许多监控的实效性很差。为此，还需要不断摸索，以不断完善县域义务教育教师质量监控方式。

我国的义务教育中教师质量监控的不足主要体现在如下方面。

(1)从监控主体看。目前学校内部或教育系统是质量监控的主体，而其他利益相关者很少参与进来。

(2)从监控维度看。教师的资格、专业知识、教育能力维度等是当前质量监控的几个关键维度，这显然不足以显示教师的全部质量，教师工作生活背景、教育结果的有效性等很多与教师质量相关的重要维度并没有被包括进去。

(3)从监控内容看。教师质量监控往往更重视学生即时的教育结果，却没有一个长远的眼光来看待教育结果的社会影响。

(4)从监控的方式看。教师质量的监控更多的是通过听课、查看学生考试成绩、工作业绩考核等方式进行的，这些只是教师教学工作的一个方面，不具有全面性和连续性，有时候会有失偏颇。

(5)从监控的效果看。绝大多数教师质量监控流于形式，反馈路径并不完整，偏离了监控提升教师质量的出发点。

三、县域内义务教育教师质量监控的必要性

从我国教师地区分布的总体数量来看，县域义务教育教师是我国师资队伍的主体。因此，我国义务教育教师整体质量水平在很大程度上受到这些教师质量的影响。通常，县域内义务教育阶段学校由于各种各样的原因，如资源的匮乏、条件的落后等，无法吸引到高质量教师。这就导致与那些中心城市和富裕地区学校的师资相比，这些学校的师资整体素质偏低，这主要表现为专业知识不过硬、教育教学经验不够丰富、教学能力较差等，他们所提供的教育所取得的成果与城市相比也相对较差。

县域内义务教育教师质量状况较差，具体表现如下。

第一，县域内义务教育师资队伍缺少新生力量。由于师资配

置体制的制约,很多学校难以招聘到新的老师,或者由于条件落后,无法吸引到经验更丰富、资历更高的教师,甚至是即便新加入的教师也会择机向上发展,只是以此作为一个过渡,或者说是跳板,一旦有机会,就会争取进入更好的学校和有着较高社会经济背景的学校。农村地区留下来的大多是一些缺少经验、能力不足的农村教师,没有稳定性的新教师进入县域义务教育教师队伍,显然不利于队伍整体质量的提升,导致农村学生的学习成绩下降。农村教师方面,由于很少或几乎没有外部职业支助,教学处于"共同贫穷"的处境,不会有太多的先进理念和技术,从而形成恶性循环。

第二,县域内义务教育教师流失率较高,打破原有学校内教师间专业学习团体的机构和内聚力。县域内教师流失情况更为突出,教师的流失也关系到学生的成绩,教学质量受到影响。这种状态下的农村教师的质量更是难以保证,更别提教育质量了。通常,教育质量较低学校,教师流失率更高,反之,又进一步恶化学习的教学质量。

第三,县域内义务教育教师身兼数门学科教学任务,缺少相应的专业发展机会。县域内义务教育教师这一现象尤其严重。农村学校,教师任教两科以上的现象极为常见。这在一定程度上缓解了县域内义务教育学校教职员工不足的窘境,缩减了征聘成本,表面上是有益的,实则不然。一方面,当教师身兼数门学科,教非所学时,就丧失了相应的专业发展机会;另一方面,繁重的教学任务让他们没有更多的空闲时间和精力用于自身专业技能的提升,这从长远来看,对教学质量的提升是不理的。这种情况将进一步加强城乡义务教育的不平等现状。

四、县域义务教育教师质量监控实施的关键策略

所谓实施关键策略,具体思路如图7-1所示。

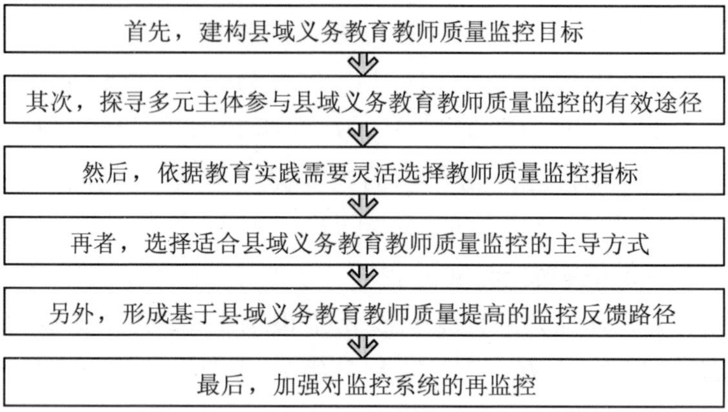

```
┌─────────────────────────────────────────────┐
│ 首先，建构县域义务教育教师质量监控目标      │
└─────────────────────────────────────────────┘
                    ⇩
┌─────────────────────────────────────────────┐
│ 其次，探寻多元主体参与县域义务教育教师质量监控的有效途径 │
└─────────────────────────────────────────────┘
                    ⇩
┌─────────────────────────────────────────────┐
│ 然后，依据教育实践需要灵活选择教师质量监控指标 │
└─────────────────────────────────────────────┘
                    ⇩
┌─────────────────────────────────────────────┐
│ 再者，选择适合县域义务教育教师质量监控的主导方式 │
└─────────────────────────────────────────────┘
                    ⇩
┌─────────────────────────────────────────────┐
│ 另外，形成基于县域义务教育教师质量提高的监控反馈路径 │
└─────────────────────────────────────────────┘
                    ⇩
┌─────────────────────────────────────────────┐
│ 最后，加强对监控系统的再监控                │
└─────────────────────────────────────────────┘
```

图 7-1 县域义务教育教师质量监控实施的关键策略

下面将沿此思路展开具体的分析。

(一)建构县域义务教育教师质量监控目标

监控目标的构建，是开展监控活动的前提，有利于监控工作的正常开展与运行。其具体内容如下。

1. 明确建构监控目标的意义

教师质量监控活动的实施需要一个能够发挥指导、协调和激励作用的监控目标。监控目标的设立和不断完善，能够更好地对教师质量监控过程及其监控行为进行考察。

2. 监控目标中关键质量要素的确定

作为监控过程的第一环节，监控目标的设定关键是要确定质量核心要素。这一行为有利于划定实现监控目标的关键领域，是将目标转化为明确的行动的关键环节。例如，县域义务教育教师质量监控，可以将教师的背景性特性、教师的静态性特性、教师的活动性特性、教师的有效性特性等作为衡量教师质量的关键质量要素，这也是教师质量监控目标的主要内容。当然，影响监控目标的因素是多元化的,它并非固定不变,而是需要各地区监控者根据自身所处的环境、结合当地的具体情况等加以取舍,或者根据不同的侧重对监控目标赋予不同的权重,如有需要还可自行增加或减少某个要素。确定了监控目标中关键质量要素,也就为教师质量监控指标体系的建立提供有效的参考。

3. 监控目标实现的途径

监控目标的实现,需要借助以下途径,如图7-2所示。

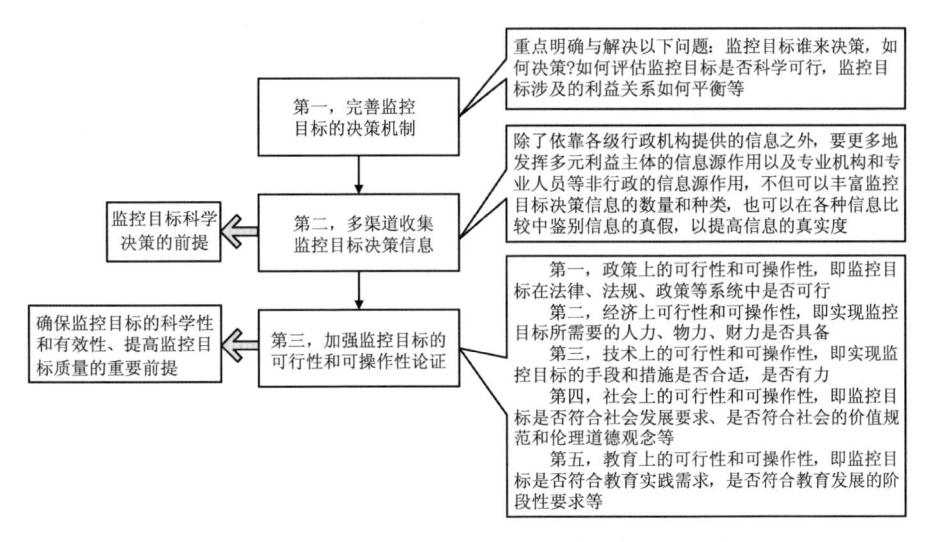

图7-2 监控目标实现的途径

(二)探索县域义务教育教师质量多元主体监控的有效途径

县域义务教育教师质量监控需要多元利益相关者的参与,但要清楚,这些多元主体间的价值追求和利益需求是不同的。为此,要明确各多元主体参与教师质量监控的条件,分清监控内容的重点,实现有效整合,从而更好地建立多元主体参与的监控与信息交流渠道。

1. 确保多元主体具有监控教师质量的机会和能力

县域义务教育中的相关利益群体最主要的当属学生、家长、此外还有前面提到的行政管理部门、教育督导、学校领导、教师、社区人员,甚至包括整个县域内的公众。教师质量问题受到来自上述各方的关注,他们在参与过程中拥有不同的机会,体现不同的能力,并注重自己利益得到满足的程度。一般来说,教育督导、校长、教师等作为教育系统内部的主体,有更多的机会参与到教师质量监控中去,在监控方面所体现的能力较强;而家长、社区人员等作为教育系统外部的主体,参与监控过程的机会相对较少,且不具备或者具备极小的相关能力。

如前所述,进行教师质量监控,首先要有参与其中的机会,在此基础上监控的能力也尤为重要。在进行教师质量监控时,他们应当做到公平、公正,而不是只关注自己或某类主体的利益。而发展更多元主体参与监控中来,在一定程度上能做到监控的全方位。

因此,县域义务教育教师质量极有必要实施多元主体监控,一方面要尽可能多地为多元主体提供参与监控的机会,另一方面还要对参与监控的不同主体的能力进行权衡,要有限选择那些有机会并有能力的监控主体参与到监控中来,对于没有监控能力的主体,如果需要他们参与,还需要提供一些相关的培训。总之,就是要确保多元主体具有监控教师质量的机会和能力。

2. 实现多元主体监控内容的侧重与整合

参与教师质量监控的个主体,所具有的专业知识、技术能力和各项资源等是不同的,他们各有优势,在教师质量监控过程中能够发挥不同的作用,因此在监控内容上应各有侧重。

县域权力部门关注的是公众的需求,追求的是教育能够给公众带来公共利益,因此在监控内容方面更加侧重教师资格方面,如监控教师资格结构、资格标准等,以为县域义务教育阶段教师质量的保证提供科学依据。县域权力部门能够在准入和在岗等环节把控义务教育阶段教师的质量。

专业人员更加注重教师质量的专业能力,因此在监控内容方

第七章 师资为本：加强义务教育均衡发展的师资建设

面更加侧重教师专业素养方面，如监控教师的专业理念、道德、知识、能力等。专业监控人员能够保证监控的专业技术性要求，提升监控质量。

学生家长作为教师质量监控过程中最重要的利益相关者，与学生的成长具有最为直接的关系，更注重家庭的投资效益，因此在监控内容方面更加侧重投入回报比。

社区成员更加关注教师质量对社区的影响，因此在监控内容方面更加侧重教师质量对社区所能提供的服务，以及此类服务的效果。

总之，不同的利益相关者对教师质量监控权益要求从不同角度体现出其正当性和适合度，他们对教师质量监控的权益要求不同，从其价值追求出发，能够对教师质量监控产生不同程度的影响。这就能够更加全面地促进教师自身长期发展，有利于教师质量的自觉监控。

对这些多元主体监控内容进行有效整合，能够实现知识、能力和资源的相互补充，丰富监控内容，有助于增加所有的利益和发挥所有的优势，从而产生整合的协同效应，不断提高监控质量。为此，一定要以县域义务教育教师质量监控方案为依据和基础，科学合理地对多元主体监控的内容进行整合，发挥多元主体的积极作用。

3. 建立多元主体参与的监控与信息交流渠道

建立多元主体参与的监控与交流平台，能够让各方了解到监控信息，使监控发挥最大成效，从而提升多元主体的监控责任和意识。多元主体在以后的监控活动中能够更加积极地参与。

县域义务教育教师质量监控实现多元主体参与监控与实现监控信息的交流的方式主要有两类，这主要取决于监控主体在时间或空间上参与监控所表现出的优势。

（1）通过现实的监控与信息交流渠道。当多元主体想要更加便利地接触教师，增加对教师质量的认知与理解时，可以使用采用方式。采用此种方式可以弥补时间或空间劣势带来的不便。

（2）通过虚拟的网络监控与信息交流渠道。当监控主体不具有时间或空间优势时，可以使用采用方式。无论是由于与学校监控要求难以在同一时间上找到恰当的契合点，还是由于物理间隔造成的不熟悉教师质量实际状况等，采用此种方式都可以得到有效弥补。

不管是通过何种方式进行参与，达到的效果是一样的，即拉近了多元主体与县域义务教育教师的距离，多元主体能够更加了解教师质量的相关信息，进而深刻认识到县域义务教育教师质量状况；同时，多元主体在参与过程中的所想、所感以及一些有用的意见、建议能够及时地反馈到当事人，有助于提高教师质量监控的效率。从被监控教师的角度来看，他能够更充分地了解到多元主体对教师质量的现实需要，从而有针对性地提升自己，改进教学中存在的问题，在满足不同利益相关者需求的同时，实现义务教育均衡的发展。

（三）依据教育实践需要灵活选择教师质量监控指标

教师质量监控指标并非一成不变、照搬照用的，它是可以根据当前地区、当前学校的实际情况进行相应调整的。这其中既要有能够反映普遍问题的基础要素，还要有能够体现个性化的差异要素。制定科学、合理的教师质量监控指标非常重要。不同教育实践需求下，县域义务教育教师质量监控指标的选择与确定有着明显的差别。

1. 监控指标的绝对性与相对性

教师质量监控指标的绝对性的核心即是教师能够担任教书育人的任务，这是任何国家、任何社会、任何时代都不会改变的。教师质量监控指标的绝对性是基础、是依据、是准绳，是不同时期、不同类型、不同层次、不同区域等一切教师质量监控的依据。

第七章　师资为本：加强义务教育均衡发展的师资建设

教师质量监控指标的相对性则是要在符合绝对性指标的基础上，因人、因时、因地地制定具有差异化的监控指标。在不同的教育发展阶段、不同时期、不同区域，人们对教育的需求是各异的，为此在对教师质量指标的选择与制定上也就体现着不同。只有与时俱进、因地制宜地确定教师质量监控指标，才能避免教师质量与社会进步、教育发展的脱轨，才能更好地促进教师发展与教育质量的提升。

可见，只有理清监控指标的绝对性与相对性之间的关系，才能更好地构建教师质量监控指标。

2. 数量需求背景下的教师质量指标的选择

在教师数量需求背景下，教师配置的首要目标就是要有足够数量的教师，也就是说，城乡义务教育阶段的所有学校为了能够把课程都开起来、开全，需要配备足够的教师，这是刚需。

随着县域义务教育的普及，各地小学和初中学校数量明显增多，这时候出现一个突出问题，即教师不能满足教育教学需求。也正是因为如此，各地更加关注的是解决教师数量缺口较大的问题而忽视了教师的质量问题。

在这一阶段，教师的质量监控指标主要是基于满足学校对教师的粗放性需求，注重教师的静态性质量的监控，指标更多情况是以教师最低资格标准为下限，甚至有些农村地区教师质量监控关注的仅是教师数量是否充足。这在当时可能并没有表现出太大的问题，但随着义务教育的不断推行，问题逐渐显现，即这种教师质量监控不能给县域义务教育阶段的学校带来预期的教育结果。

3. 质量需求背景下的教师质量指标的选择

随着问题的出现，义务教育师资配置的重点从以教师数量为主导任务向以教师质量要求为主导任务逐步转变。这时候监控的核心更加侧重于教师质量问题，提高教师质量是解决教师质量公平问题的关键。

县域义务教育所有学校的教师配置,在数量上得到饱和性满足后,开始更加关注质量,普遍关注的是由教师质量保证的城乡义务教育均衡发展目标的趋同性,城乡义务教育均衡发展结果的公平性。从一个县域来看,此阶段教师质量监控指标注重活动性质量的监控,关注教师的教育教学能力方面内容。

在质量需求背景下,虽然质量追求已经成为教师质量监控的主导任务,但是我们需要认识到,一些边缘学校(薄弱学校、偏远农村学校)的教师质量还有很大的发展空间,他们是否能够达到此阶段的监控指标还有待于观察。而义务教育均衡发展的基本要求需要我们去关注边缘学校(薄弱学校、偏远农村学校)教师质量监控指标的达到程度。

4. 个性化需求背景下的教师质量指标的选择

对于任何一个国家或地区而言,当教师质量全面提升的整体任务完成之后,就需要进行师资的个性化配置,以期能够对不同学校、不同学生等的特色发展有针对性地提供教育。

个性化的师资需求于国家、于学校、于学生个体都具有重要意义,它满足了不同地区特色教育、多元教育的需求,为学校的特色发展提供了更加多样化的师资选择,为学生个性发展提供了更多专业技术过硬的师资配置。

由于个性化师资配置以满足教育、学校、学生等个性化发展需求为主,因此,其主要特点表现如下。

(1)不再应该是传统的、简单的"供给"模式,而应该慢慢转化为具有灵活性的"选择"模式。

(2)不同地区、不同学校,甚至是相同地区、相同类型的学校之间,不应再局限于相同的师资配置、相同模式的师资队伍,而是要根据自身的个性化发展来灵活地选择师资配置。

在个性化需求背景下,教师质量监控过程的核心指标侧重于教师的有效性质量的监控,更加关注教师质量是否能够高效而相

第七章 师资为本:加强义务教育均衡发展的师资建设

对规模化地满足有特定需求的服务对象的需求,促进义务教育均衡发展、学校特色建设和学生个性化发展。

(四)选择适合县域义务教育教师质量监控的主导方式

选择合适的教师质量监控方式是保证监控质量的关键影响因素。所谓监控的方式,主要是指对教师质量进行监控时收集、分析监控信息的方法和手段。为了保证监控的效度和信度,监控者要尽可能保证所收集信息的充分性、有效性、可靠性。

在县域义务教育教师质量监控过程中,要打破唯一量化的监控方式局面,重视和采用开放式的质性监控方式,实现量化监控方式与质性监控方式的合理结合。具体说,监控方式的选择要根据监控指标、监控要求、监控维度、监控对象以及监控方式操作的可能性等条件而确定,体现统一性与选择性的有效结合。

县域义务教育教师质量监控有多种方式,每一种方式各有所长,各有所短。因此,在选择的时候就需要依据被监控教师质量的特点和要求、监控结果的用途等,恰当选择相关的主导方式,在监控过程中,根据所选主导方式的特性和要求,正确合理地加以运用。主导方式的正确选择和运用是保证监控结果效度和信度的重要条件之一。

1. 监控方式要符合特定的监控指标和监控要求

监控方式选择的第一原则,就是要符合特定的监控指标和监控要求。为此,应该考虑以下两个因素。

第一,应考虑监控方式与教师质量不同内容的监控指标的符合程度问题。例如,监控教师的品质时最好是采用质性监控方式,而监控教师的学历时就可以采用量化监控方式处理,很显然,二者的内容不同,所选的监控方式自然也就不同。选择监控方式时,关键是要考虑监控方式自身特性,同时明确不同监控指标的要求,以及监控方式与教师质量监控指标的符合程度。

第二,应该考虑监控要求,即明确需要通过监控获得的数据和监控结果。当然,监控数据与结果的获得并非实施教师质量监控活动的目的,它们的作用在于,能够给监控者对被监控的教师质量进行价值判断提供科学的依据、合理的指导,并最终真正达到监控的目的。

2. 监控方式要尽可能全面反映监控维度与监控对象

在县域义务教育教师质量监控过程中,不但要注意监控内容的准确性,还要考虑到监控方式的全方位。我们已经知道,监控方式不同,监控维度的侧重点也表现出差异化。为了能够最大限度地、多角度地反映教师质量的不同特性,在选择监控方式时,一定要选择那些监控维度更加多样的方式,以免遗漏某些重要维度,从而保证监控方式与教师质量监控指标的最大相关性。维度上的遗漏一定会对教师质量监控的效度和信度产生不同程度的影响。

监控对象是选择监控方式时另一个需要重点考虑的问题。对于不同学科、不同学段、不同发展阶段、不同数量、不同状态下的教师质量进行监控时,考虑到其所具有的不同特征,应当选择具有差异化的监控方式。例如,物理和生物学科的教师质量监控方式不同,初中和高中的教师质量监控方式不同,新任教师和老教师的监控方式有所差异,等等。

(五)形成基于县域义务教育教师质量提高的监控反馈机制

对于任何一种反馈机制来说,其都应该具有处理信息及时、准确,能有效控制计划的运行管理,并使之处于最佳状态的作用。教师质量监控中的信息反馈也不例外。县域义务教育教师质量监控的核心是监控后的反馈与调控,有效的信息反馈是质量监控的基础。监控的落脚点要落实到如何根据反馈的信息对教师质量进行调控或对偏差的预防上,使教育质量得到保障。具体可以从三个方面入手。

第七章 师资为本:加强义务教育均衡发展的师资建设

第一,形成监控反馈路径的目的与价值。

第二,建立基于县域义务教育教师质量提高的监控反馈路径。

第三,从监控反馈路径中正确获取信息。

总之,使用正确的教师质量监控反馈信息能够真正促进教师专业发展,从而促进支持教师质量的提升。

(六)加强对教师质量监控系统的再监控

教师质量监控工作除了将教师质量监控作为其工作内容的重要组成部分,还需要加强对监控系统的再监控。教师质量监控的再监控的内容主要涉及监控的适合性(合理性)、可行性、实效性(实用性)、准确性等方面的内容。具体表现在四个方面,如图7-3所示。

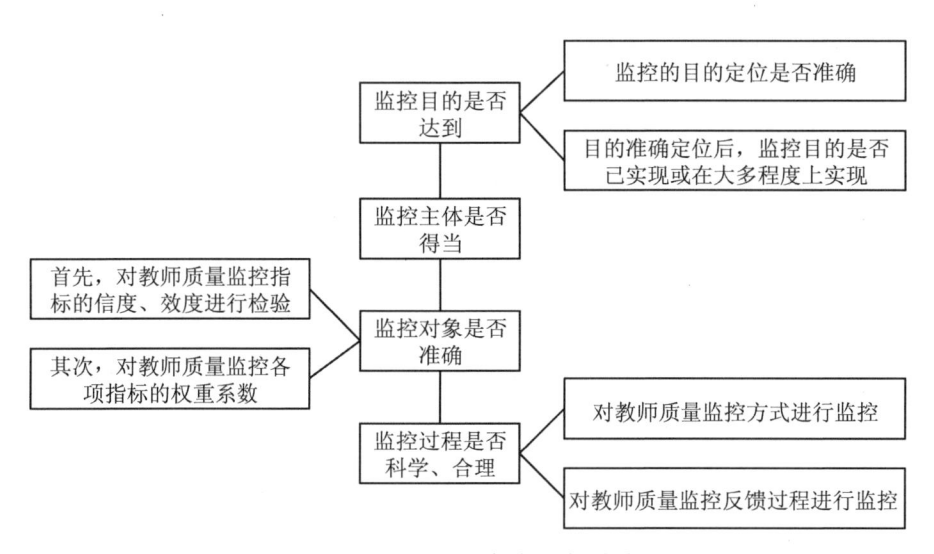

图 7-3 对监控系统的再监控内容

建构教师质量监控再监控机制对保障再监控目标的实现、再监控工作的顺利运行与开展有着重要作用。建构对教师质量监控的再监控机制主要包括目标导向机制、组织保障机制、修正调节机制,如图7-4所示。

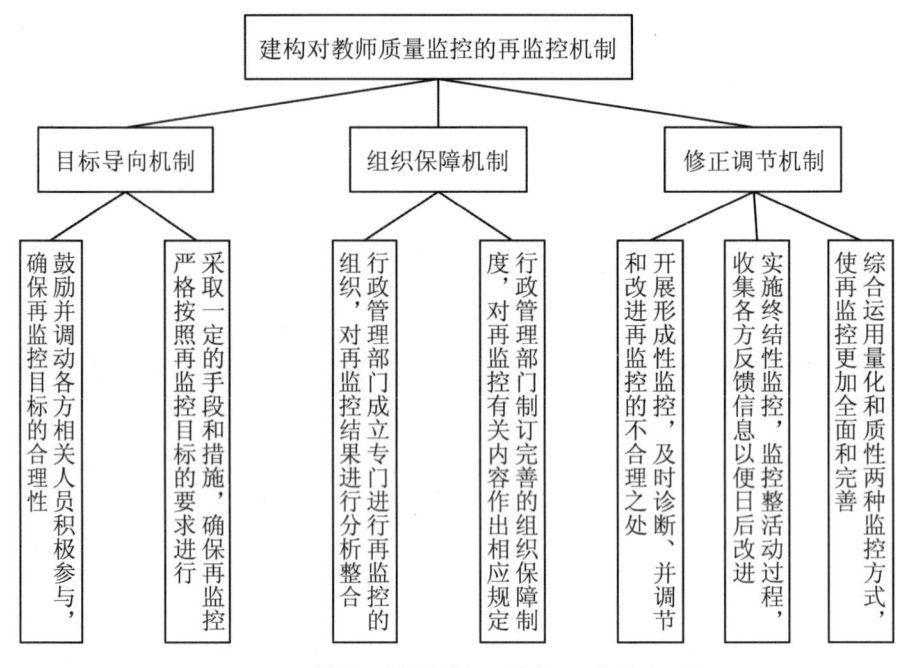

图 7-4　教师质量监控系统的再监控机制

本章小结

　　义务教育视野下师资资源的均衡配置问题需要政府、教育行政部门和学校的努力,更离不开教师自身方面的努力,因为作为一个教育工作者,有责任和义务为义务教育的师资均衡配置贡献自己的力量。建设一支强劲有力的师资队伍是教育的关键。当我国义务教育普及的任务基本完成以后,对义务教育质量的追求已经成为义务教育发展的重要主题。教师质量是优质教育的生命线,是教育质量保障的重要条件。有效的教师质量监控可以保证义务教育阶段优质教师的合理配置,能够促使有限的优质教师资源惠及更多的学龄人口。为保证义务教育阶段教师质量,促进城乡义务教育公平发展,实施有效的县域内义务教育教师质量监控也是一个具有现实意义的重要课题。本章对上述问题都进行了论述,以期能为教育工作者带来一定的启发。

参考文献

[1]于发友.通向教育理想之路:县域义务教育均衡发展研究[M].济南:山东人民出版社,2008.

[2]柳海民,杨颖秀.中国基础教育改革与发展年度报告(2005):义务教育均衡发展研究[M].长春:东北师范大学出版社,2006.

[3]于海英.县域义务教育教师质量监控问题研究[M].北京:冶金工业出版社,2018.

[4]李素敏.义务教育均衡发展的理论与实践研究[M].北京:中国社会科学出版社,2017.

[5]卢晓旭.县域义务教育发展均衡性测评研究[M].北京:科学出版社,2016.

[6]中央教育科学研究所教育督导评估研究中心著.义务教育均衡发展报告[M].北京:教育科学出版社,2010.

[7]赵国祥,王振存,赵申苒.义务教育均衡发展视阈下的教育资源的科学配置和有效运用[M].北京:科学出版社,2016.

[8]赵新亮.义务教育学区制改革:基于共同体理论的教育均衡发展模式探索[M].北京:科学出版社,2018.

[9]周守军.县域义务教育均衡发展研究[M].北京:光明日报出版社,2012.

[10]张茂聪.县域基础教育政策评估研究:基于评估内容体系的构建[M].济南:山东教育出版社,2015.

[11]李桂荣.县域义务教育均衡发展监测机制研究[M].北京:科学出版社,2016.

[12]赵丹.义务教育均衡发展与教育资源共享模式构建:以

西北县域为例[M].北京:知识产权出版社,2017.

[13]李宏君,杜英杰.义务教育均衡发展监测评估理论与实践研究综述[J].黑龙江教育:理论与实践,2015(10):23-25.

[14]任强.我国基础教育均衡发展问题与对策综述[J].中国农业教育,2009(04):1-3.

[15]许杰.基础教育均衡发展的现状分析与政策选择——对教育局长们的问卷调查.辽宁师范大学学报:社会科学版,2006(3):62-65.

[16]栗洪武.影响区域学校均衡发展的基本要素及其相关性——以西安市实施"316"工程为例[J].教育研究,2011(4):41-44.

[17]严智雄,马和民.政府教育问责与治理对策[J].南京社会科学,2011(5):113-118,156.

[18]景春梅.城市化、动力机制及其制度创新——基于政府行为的视角[M].北京:社会科学文献出版社,2010.

[19]安应民等.构建均衡发展机制——我国城乡基本公共服务均等化研究[M].北京:中国经济出版社,2011.

[20]杨俊亮.县域经济哲学——县域经济"三维一体"发展的哲学沉思[M].北京:光明日报出版社,2011.

[21][英]兰达尔柯伦.教育哲学指南[M].彭正梅,等译.上海:华东师范大学出版社,2011.

[22]郝文武.西部教育报告2011[M].北京:教育科学出版社,2011.

[23]魏志春.校长视野中的政府教育管理职能转变[M].北京:北京大学出版社,2011.

[24]鲍传友.政府公平与政府责任[M].北京:北京师范大学出版社,2011.

[25]陈烈,魏成等.县域可持续发展规划的理论与实践[M].北京:科学出版社,2011.

[26][加]威尔·金里卡.当代政治哲学[M].刘莘,译.上海:上海译文出版社,2011.

[27]马华威.义务教育高位均衡发展行动研究[M].北京:光明日报出版社,2011.

[28][美]赫伯特·A.西蒙.管理行为(修订版)[M].詹正茂,译.北京:机械工业出版社,2011.

[29]任运昌.空巢乡村的守望——西部留守儿童教育问题的社会学研究[M].北京:中国社会科学出版社,2009.

[30]李明强,贺艳芳.地方政府治理新论[M].武汉:武汉大学出版社,2010.

[31]郑金洲,程亮.中国教育研究新进展(2008)[M].上海:华东师范大学出版社,2010.

[32]周洪宇.教育公平论[M].北京:人民教育出版社,2010.

[33]中央教育科学研究所教育督导评估研究中心.义务教育均衡发展报告[M].北京:教育科学出版社,2010.

[34]栗玉香.教育均衡指数化监测与财政投入机制改革——以北京市义务教育为例[M].北京:经济科学出版社,2010.

[35][美]戴维·奥斯本,彼得·普拉斯特里克.再造政府[M].谭功荣,等译.北京:中国人民大学出版社,2010.

[36][美]W.理查德·斯科特.制度与组织——思想观念与物质利益[M].姚伟,等译.北京:中国人民大学出版社,2010.

[37][美]威廉·N.公共政策分析导论[M].邓恩,谢明,等译.北京:中国人民大学出版社,2010.

[38]宁波市北仑区教育局.教育均衡发展的创新之路(1—3卷)[M].杭州:浙江大学出版社,2010.

[39]常健.效率、公平、稳定与政府责任[M].北京:中国社会科学出版社,2010.

[40]范国睿.教育政策观察(第2辑)[M].上海:华东师范大学出版社,2010.

[41]顾明远,石中英.国家中长期教育改革和发展规划纲要(2010—2020年)解读[M].北京:北京师范大学出版社,2010.

[42]《教育规划纲要》工作小组办公室.教育规划纲要百问

[M].北京:教育科学出版社,2010.

[43][美]雷蒙德·E.卡拉汉.教育与效率崇拜——公立学校管理的社会影响因素研究[M].马焕灵,译.北京:教育科学出版社,2011.

[44][美]菲利普·库姆斯.世界教育危机[M].赵宝恒,李环,等译.北京:人民出版社,2011.

[45][美]约翰·罗尔斯.作为公平的正义——正义新论[M].姚大志,译.上海:上海三联书店,2011.

[46]郝文武.教育哲学研究[M].北京:教育科学出版社,2009.

[47]陈国权.责任政府:从权力本位到责任本位[M].杭州:浙江大学出版社,2009.

[48]国家教育发展研究中心.2009年中国教育绿皮书——中国教育政策年度分析报告[M].北京:教育科学出版社,2009.

[49]贺武华.浙江基础教育公平问题研究[M].杭州:浙江大学出版社,2009.

[50]李军鹏.责任政府与政府问责制[M].北京:人民出版社,2009.

[51][美]斯蒂芬·P.特纳,保罗·八罗思.社会科学哲学[M].杨富斌,译.北京:中国人民大学出版社,2009.

[52]上海浦东新区社会发展局.中国教育改革前沿报告——浦东新区教育公共治理结构与服务体系研究[M].上海:上海教育出版社,2009.